移民政策と国民

アメリカ・フランスの同化主義か、
シンガポールの多文化主義か

江口隆裕 著
Takahiro Eguchi

KU 神奈川大学出版会

はしがき

　筆者が移民問題に取り組むようになったきっかけは，フランスの行政官からの問いかけであった．2007 年から科研費の助成を受けてフランスの少子化対策を研究しており（フランスにおける少子化対策法制の総合的研究（2007 年度〜2008 年度：科研費研究課題番号 19530044）），フランスの社会連帯省や家族手当金庫などを訪問調査した．ところが，その際，先方から必ずといっていいほど聞かれるのは，「なぜ日本は移民を受け入れないのか？」ということであった．その当時は，少子化対策が出生率の向上に寄与するのではないかという期待を抱いていたため，その問いかけをそれほど気に留めなかったが，研究が進むにつれ，少子化対策と出生率向上との間に直接的な因果関係を見出すのは困難であることが明らかとなった[1]．

　そこで，人口減少対策としてより直接的な効果的が期待できる移民政策を研究することにした．まず，フランスの移民政策を研究し（フランスにおける移民労働者の生活保障に関する双方向的研究（2011 年度〜2013 年度：科研費研究課題番号 23530059）），次に，本書のテーマである同化主義か多文化主義かという観点から，フランスとシンガポールを取り上げて移民政策の国際比較を行った（同化主義か，多文化主義か—外国人受入政策に関するフランスとシンガポールの比較研究（2014 年度〜2016 年度：科研費研究課題番号 26380084））．さらに，移民政策の国際比較という観点からは，世界に冠たる「移民の国」であるアメリカ合衆国の研究が欠かせないと思っていたところ，2020 年 1 月末から 3 月中旬にかけ，神奈川大学の短期在外研究員としてニューヨークに滞在し，アメリカの移民政策を研究する機会を得た．帰国早々その研究成果をまとめ，従来の研究成果と合わせて刊行したのが本書である（巻末の初出一覧参照）．

　これら一連の研究を通じて得た結論を一言で述べると，移民（正確には外国

---

1)　江口隆裕『「子ども手当」と少子化対策』（2011 年，法律文化社）1-3 頁参照.

人労働者) 問題というのは，不足する国内労働力の補填といった経済的必要性だけで完結する問題ではなく，その国の「国民」というものをどう考えるのか，ひいてはその国のあり方をどう考えるのかという国の根幹に関わる問題だということである．したがって，この問題のあり方を決めるためには，幅広い情報と正しい理解を基礎とした国民的議論が不可欠となる．近年，移民問題に関して，経済学や社会学など様々な立場から多くの著書・論文が出されているが，その多くは移民の経済的，社会的効果や影響を論じるものであり，本書で提示した，国民や国家のあり方との関係を正面から論じたものは，管見の限りでは見当たらない．本書で提示した内容が 1 人でも多くの人々に共有され，移民問題を論じる際の必須の論点として理解されるようになれば，筆者として望外の喜びである．

　最後に，私事で恐縮だが，本書を学生時代の恩師である中村睦男先生に捧げたい．中村先生は，私が北海道大学法学部 3 年のときのゼミの指導教官であり（ゼミでは，J-J. Rousseau, "Considérations sur le gouvernement de Pologne"（ポーランド政府論）の輪読を行った），法学部長のときには，私を母校の助教授として招き，研究者への道を開いてくださった．その後，2001 年から 6 年間北海道大学総長を務め，アイヌ問題にも早くから取り組むなどお元気に活躍されていたが，昨年 4 月，突然，逝去の報に接することになった．大学を出てすぐ行政官となり，研究者としての教育を受けていない私が，曲がりなりにも研究者の道を歩むことができたのは，ひとえに中村先生のおかげである．ここに記して，その学恩に感謝の意を表したい．

　また，本書の出版は神奈川大学出版会の助成によるものである．この場をお借りして，関係者各位に御礼を申し上げる．

2021 年 1 月

新型コロナウイルス感染症緊急事態宣言下の草庵にて

江口　隆裕

目　　次

第3章　シンガポールの多文化主義　119

序章

移民政策とは何か

1 「移民」の意味

（1）　日本語の意味

　まず，「移民」の意味を明らかにしておきたい．日本における唯一の移民関係立法である「移民保護法」（明治 29（1896）年法律第 70 号）では，「移民」を「労働ニ従事スル目的ヲ以テ外国ニ渡航スル者及其ノ家族ニシテ之ト同行シ又ハ其ノ所在地ニ渡航スル者」（同法第 1 条）と定義した．その上で，同法は，個々の移民を行政庁の許可にかからしめるとともに，移民の募集・周旋を業とする移民取扱人に対する規制を定めることにより，移民の保護を図ろうとした[1]．

　他方，国語辞典における定義はこれよりも広く，「他郷に移り住むこと．特に，労働に従事する目的で海外に移住すること．また，その人」（『広辞苑 第7 版』），「労働に従事する目的で外国に移り住むこと．また，その人」（『大辞林 第 4 版』），「個人又は集団が永住を望んで他の国に移り住むこと．また，その人々」（『大辞泉 第 2 版』）などと定義している．これらに共通する「移民」の意味としては，「他の国に移り住むこと」である．

（2）　英語及びフランス語との違い

　これに対し，英語とフランス語には，日本語の「移民」に相当する言葉が 2つある．1 つは，他国からその国（アメリカ，フランス）に移り住むことを表す「移入」（英語：immigration，フランス語：immigration）であり，他の 1つは，その国から他国に移り住むことを表す「移出」（英語：emigration，フランス語：émigration）である．当事者たる人に着目すると，前者は「移入民」（英語：immigrant，フランス語：immigré（e）），後者は「移出民」（英語：emigrant，フランス語：émigré（e））となる．

　このように，「移民」が「他の国に移り住むこと」を意味する点では日本語と英語，フランス語は共通だが，日本語では，日本から他の国に移り住む「移出」と，他の国から日本に移り住む「移入」の区別がなく，「移民」はもっぱ

ら「移出」を意味している．さらに，英語とフランス語には移入と移出の上位
概念として「移民，移住」（英語：migration，フランス語：migration）とい
う言葉があるが，日本語にはこのような意味の言葉はない．

　日本語と英語，フランス語におけるこのような「移民」の意味の違いは，そ
の背後にある社会実態の違いの反映であろう．日本の場合には，四方を海に囲
まれた島国であるだけでなく，江戸幕府が鎖国政策をとったこともあって，
「移入民」はその数及び頻度において極めて少なく[2]，「移民」という言葉は，
移民保護法が定めたように，「移出民」を意味するようになった．

　これに対し，フランスをはじめとする欧州諸国にあっては，他国と陸続きで
国境を接しているだけでなく，ヨーロッパ文明やキリスト教という共通の文
化・宗教圏にあるため，交易や布教を目的として多くの人々が日常的に国境を
越え，さらには繰り返された侵略戦争によって民族間の混血が進んだ．このた
め，ある国から他国に移り住む「移出」だけでなく，他の国からその国に移り
住む「移入」も頻繁に行われてきた．

　本書では，日本語と英語，フランス語における上記のような「移民」の意味
の違いを認識した上で，日本語で「移入（民）」又は「移出（民）」と明示する
必要がある場合にはこれらの言葉を用いるものの，それ以外の場合には「移入
民」を表す言葉として「移民」を用いることにする．

2　人口減少期の日本と移民政策

（1）　人口減少期の日本

　現在の日本は，人口減少という人類がかつて経験したことのない人口転換期
にある．国立社会保障・人口問題研究所「日本の将来推計人口（平成 29
（2017）年推計）」によると，日本の総人口は，2065 年には 8,808 万人に減少す
ると推計されており[3]，これは人口がピークであった平成 20（2008）年の総人
口 1 億 2,808 万人[4]の 3 割減に相当する．このような人口減少に直面し，政府
も，希望出生率 1.8 の実現を目標に掲げ[5]，少子化対策として様々な施策を講
じてきたが[6]，未だ予期した成果があげられないでいる．人口回復の鍵となる

出生数は，令和元（2019）年には90万人を割り込んで86万人となり，出生数がピークであった昭和24（1949）年の270万人の3分の1にまで低下している[7]．

（2）　移民政策を否定する政府

ところで，ある国の人口を増やすための政策としては，国民の出生率を向上させて出生数を増やす「少子化対策」だけでなく，一般に「移民政策」と呼ばれる，外国人を国民として受け入れる政策も考えられる．しかし，後者について，安倍内閣は，「移民という言葉はさまざまな文脈で用いられており，明確に定義することは困難ですが，安倍政権としては，国民の人口に比して，一定程度の規模の外国人及びその家族を，期限を設けることなく受け入れることによって国家を維持していこうとするといった政策，いわゆる移民政策をとる考えはありません」[8]と述べ，移民政策の導入を明確に否定した．

同時に，政府は，平成30（2018）年に出入国管理及び難民認定法を改正し，新たな在留資格として，一定の専門性や技能を有し，即戦力となる外国人材を人手不足の産業分野に限定して受け入れる「特定技能」を創設した．このうち，相当程度の知識又は経験を必要とする「特定技能1号」では，外国人の在留期間の上限を5年とし，家族の帯同を認めないのに対し，熟練した技能が求められる「特定技能2号」では，外国人の在留期間の更新に上限を設けず，家族の帯同も認めるとしている．それにもかかわらず，この特定技能制度については，外国人の受入人数を向こう5年間で35万人に制限していることなどから，「国民の人口に比して，一定程度の規模の外国人及びその家族を，期限を設けることなく受け入れる」移民政策には当たらないとしている．換言すれば，特定技能制度は，人口減少対策としての移民政策とは位置づけていないということになる．

（3）　移民政策の意味

このような移民政策の定義は，あくまで日本政府独自のものであり，国際的に共有されたものではない．前述の答弁でも述べているように，そもそも「移民」という言葉自体が一義的に明確ではなく，したがって，「移民政策」とい

う言葉も多様な意味をもっている．国連[9]では，移民政策（Migration policy）の定義として，移民観（View on immigration），永住政策（Policy on perma-nent settlement），高度技能労働者政策（Policy on highly skilled workers），家族統合政策（Policy on family reunification），国民以外の者の同化政策（Pol-icy on integration of non-nationals），帰化政策（Policy on naturalization），移出民政策（Policy on emigration）など 16 の意味を掲げている．その中で，移民政策（Policy on immigration）については，「その国に入国する正規の移民の規模（level）に影響を与える政府の政策」という説明がなされている．

3　本書の目的と対象

（1）　本書の目的

本書の目的は，上述した日本政府の移民の定義の当否を論ずることでも，移民政策を頑なに否定する政府の方針を批判することでもない．ときの政府がいかに移民政策を否定しても，人口が急減する中で，国内の労働力不足を補うなどのために外国人をより大幅に受け入れるべきではないかという問題が，いずれは国民的議論の的となるであろうと筆者は考えている．

その際，これまでのような，労働力の必要性（賛成派）vs. 治安悪化の恐れ（反対派）といった外国人受入に関するステレオタイプな議論を蒸し返すだけでは，論議は深まらない．まず，すでに移民を大規模に受け入れてきた国々の経験を学び，そこから移民政策が国や社会のあり方にどのような影響を及ぼすのかを理解し，その理解を共有した上で，日本がとるべき道を議論し，選択することこそが必要なのではないか．これが筆者の問題意識であり，本書を上梓した目的である．

（2）「移民」と「国民」の関係

ところで，「移民」とは「他の国に移り住むこと」であり，国民が自分の国に移り住んでも「移民」と呼ばないことからも明らかなように，「移民」であるためには，その者が受入国の「国民」でないことが必須の条件となる．換言

すれば，ある者が「移民」に該当するかどうかは，その者がその国の「国民」に該当しないかどうかによって決まってくる．したがって，移民政策を考えるということは，同時に，その国の国民とは何かを考えることでもある．

　このため，本書では，その国の移民に関する政府の政策としての「移民政策」を検討すると同時に，その国の国民になるための要件，すなわち国籍取得要件にも着目することにした．これは，日本で「帰化」と呼ばれるものであり，したがって，本書で検討する「移民政策」には，国連のいう「帰化政策」も含まれることになる．ただし，政治的理由等によって国外に逃れた人々，いわゆる難民[10]は，本書の検討の対象としない．

（3）　国籍付与基準としての血統主義，生地主義，居住地主義

　ある国の国民とするための国籍付与基準には，親と子の血のつながりを基準に国籍を付与する血統主義（jus sanguinis）と，その者が生まれた土地を基準に国籍を付与する生地主義（jus soli）（出生地主義ともいう）がある．前者の立場では，親が外国人である子はその国の国民になれないのに対し，後者の立場では，親が外国人であっても，その子がその国で生まれれば国民になることができる．さらに，生後一定期間国内に居住したことを基準に国籍を付与する居住地主義もある．

　本書では，移民政策の検討に際し，その国が国籍付与基準としていずれの主義をとっているのかについても検討する．

（4）　移民政策のあり方─同化主義か多文化主義か─

　本書では，移民政策のあり方として，同化主義（assimilationism）と多文化主義（multi-culturalism）を対比させて検討している．前者は，移民に対し自国の言語，宗教，文化，社会的価値観などに従うことを求めるものであり，後者は，民族の多様性を認め，多様な言語，宗教，文化，社会的価値観などの並存を許容するものである．ちなみに，前者の同化主義は，国連のいう「国民でない者の同化政策」と重なる部分がある．

（5）　本書で検討する国—アメリカ，フランス及びシンガポール—

　以上の視点を前提に，本書では，3つの移民国家を取り上げた．まず，17世紀以降，イギリスだけでなく西欧の様々な国から移住してきた人々が結集して新たに国家を建設した「移民の国」アメリカ合衆国である．次に，すでに強大な国家が存在し，そこに19世紀以降多くの移民を受け入れた「移民受入大国」フランスである．この両国は，ヨーロッパ文明とキリスト教を基盤としているだけでなく，同化主義を基本とするという点でも共通している．

　さらに本書では，同化主義の対極にある多文化主義の代表として，アジアの移民国家であるシンガポールを取り上げた．シンガポールは，小国といえどもアジアの金融，経済の中心であり，多民族の共存を移民政策の基本としながら，日本以上の経済的繁栄を謳歌しているからである．

　このように，本書では，移民政策のあり方として，同化主義と多文化主義を対比させ，さらに，同化主義の国であるアメリカとフランスを比較することによって，同化主義の異なる姿も描き出そうとした．

（6）　国家の基本を決める移民政策

　これら3カ国の研究を通じて明らかとなったのは，移民政策のあり方は，移民がその国の社会経済にどのような影響を及ぼすかということにとどまらず，外国人と国民をどのような基準で区別するのかという問題と表裏一体であるということである．したがって，移民政策を決めるということは，国民のあり方を決定することであり，それはすなわち，その国をどう形作るのかという国家の基本を決めることである．移民政策を検討する際には，このことを肝に銘じておかなければならない．

　なお，本書では，「移民政策」を検討するが，ここでいう「政策」とは，単なる政治的方針ではなく，法規範という形で確定された移民に関する国民のコンセンサス，つまり憲法又は法律で定められた移民に関する事柄を意味している．そのため，必要な範囲で，各国の憲法や関連する法律の条文を本文中で引用し，紹介している．

注

1) 同法は，「行政事務の簡素合理化に伴う関係法律の整理及び適用対象の消滅等による法律の廃止に関する法律」（昭和 57（1982）年法律第 69 号）によって昭和 57（1982）年に廃止されるまで存続した.

2) もちろん，歴史的には，邪馬台国の時代から，中国大陸や朝鮮半島から日本に移住した渡来人をはじめ，他国から多くの外国人が日本に移り住んでいる．しかし，これらを勘案しても，移入民の数がアメリカやフランスの比でないことは明白である.

3) 同推計の出生中位（死亡中位）推計による．ちなみに，この推計によると，100 年後の 2115 年の日本の総人口は 5,056 万人になると推計されている.

4) 総務省統計局「人口推計（令和元（2019）年 10 月 1 日現在）」の「結果の概要」による.

5) 平成 28（2016）年 6 月 2 日に閣議決定された「ニッポン一億総活躍プラン」では，一億総活躍社会を実現するための「新たな三本の矢」として，「戦後最大の名目 GDP600 兆円」，「希望出生率 1.8」，「介護離職ゼロ」の 3 つを目標に掲げている.

6) 政府がこれまで講じてきた施策については，内閣府の「少子化社会対策白書」（各年版）を参照.

7) 出生数については，厚生労働省「令和元（2019）年人口動態統計（確定数）の概況」第 2 表-1「人口動態総覧の年次推移」による.

8) 平成 30（2018）年 11 月 13 日，衆議院本会議における立憲民主党の山尾志桜里議員の質問に対する安倍晋三内閣総理大臣答弁．この他にも，平成 30（2018）年 6 月 27 日の国家基本政策委員会合同審査会における国民民主党の大塚耕平委員に対する答弁など同旨の総理答弁はいくつかあるが，引用したものが最も明確な内容となっている.

9) United Nations, *International Migration Policies-Government Views and Priorities*, 2013, pp. 13-15.

10) 難民の地位に関する条約第 1 条では，難民を「人種，宗教，国籍若しくは特定の社会的集団の構成員であること又は政治的意見を理由に迫害を受けるおそれがあるという十分に理由のある恐怖を有するために，国籍国の外にいる者であって，その国籍国の保護を受けることができないもの又はそのような恐怖を有するためにその国籍国の保護を受けることを望まないもの及びこれらの事件の結果として常居所を有していた国の外にいる無国籍者であって，当該常居所を有していた国に帰ることができないもの又はそのような恐怖を有するために当該常居所を有していた国に帰ることを望まないもの」と定義している.

第1章

アメリカの移民政策と同化主義

1　はじめに

（1）　アメリカにおける「同化」の意義

　本章では，同化主義の立場に立つアメリカ合衆国（以下「アメリカ」又は「合衆国」ということもある）を取り上げ，その帰化政策及びその前提となる移民政策の概要について検討する．

　まず，同化（assimilation）の意味について述べておきたい．同化とは，一般には，「異なる性質・態度・思想などを感化して同じにさせること」[1)]と理解されているが，ここでは，「ある国（出身国）から他の国（受入国）へと移住した者（受入国にとっては外国人）について，出身国の言語，文化，価値観等を放棄し（させ），受入国の言語，文化，価値観，社会制度，憲法秩序等を受け入れる（させる）こと」と定義しておく．

　ここで，社会学の立場からアメリカにおける同化について論じたミルトン・M・ゴードン（Milton M. Gordon）の見解[2)]を紹介する．ゴードンは，同化の意味を，①文化的形態の受入社会への転換を意味する「文化的又は行動上の同化（cultural or behavioral assimilation；以下「文化的同化」という）」（文化的変容（acculturation）ともいう），②家族，近隣レベルでの受入社会の仲間，組織，制度への大規模な加入を意味する「構造的同化（structural assimilation）」，③大規模な異民族婚（intermarriage）を意味する「結婚の同化（marital assimilation）」（混血（amalgamation）ともいう），④受入社会のみに基づいた民族の感覚の発達を意味する「アイデンティティの同化（identificational assimilation）」，⑤偏見がない状態を意味する「受容態度の同化（attitude receptional assimilation）」，⑥差別がない状態を意味する「受容行動の同化（behavior receptional assimilation）」，⑦価値や権力の衝突がない「市民的同化（civic assimilation）」の7つに区分した[3)]．その上で，文化的同化に続いて構造的同化が起きると，他の同化もこれに続くようになり，その結果，独立した存在としての移住民族の消滅と固有の価値の消失が起き，さらに，受容態度や受容行動の同化によって，移住民族に対する偏見や差別がなくなるであろ

うという仮説を立てている[4].

　帰化政策を考察するという本章の目的からは，ゴードンの7つの同化のうち，特に①文化的同化と⑦市民的同化が検討の対象となる．なぜなら，ある国に帰化するための要件として外国人に何を求めるのかという観点から考えると，文化的同化と市民的同化に関連する知識と理解があるか，そしてその背景にある社会規範，さらに憲法を頂点とする法規範の根本にある価値に同意するかが法制度上の現実的課題となるからである．

　なお，これら以外の同化のうち，②構造的同化は，それが任意的な組織・制度への加入を意味するのであれば帰化要件になじまず，強制的な組織・制度への加入を意味するのであれば帰化要件とする必要はない．また，③結婚の同化については，個人レベルでは当事者間の合意が基本となるべきものである．さらに，④アイデンティティの同化は，個人レベルではなく民族レベルの問題であり，⑤受容態度の同化と⑥受容行動の同化は，移民を受け入れる側の国民の態度・行動の問題である．

（2）　アメリカ的同化としてのアングロ準拠主義

　ゴードンは，（1）で述べた同化の分析をした上で，アメリカにおける同化の意義について述べている．すなわち，アメリカにおける同化の哲学ないし目標の体系は，おおよそ3つの軸に分けられるとして，アングロ準拠（Anglo-conformity），メルティング・ポット（Melting pot）及び文化的多元主義（Cultural pluralism）を挙げている[5]．このうちのアングロ準拠主義とは，移民の祖先の文化を完全に放棄し，アングロサクソンのコア・グループである白人でプロテスタントの中産階級[6]の価値観と行動を選択することを求めることをいい，メルティング・ポットは，アングロサクソン民族と他の移民グループとの生物学的結合と，それによるそれぞれの文化のアメリカ固有の文化への融合を意味し，文化的多元主義とは，アメリカ国籍とアメリカ社会への政治的，経済的統合の文脈の中で，後発の移民グループのコミュニティと文化の重要な部分の保全を要求することだとする[7]．

　そして，これら3つの軸の中心となるアングロ準拠主義の中核は，イギリスの制度（アメリカ革命で修正されたもの）や英語及びイギリス志向の文化様式

を，アメリカにおける生活の支配的で標準的なものとすることにある[8]．

　このアングロ準拠主義が支配的になった理由として，1880年代以降，南欧や東欧からの移民が急増する状況にあって，アングロサクソン民族であるという従来からのロマンチックな観念と，20世紀初頭の一般的な自民族中心主義（ethnocentrism），初歩的な遺伝学の知識，都合のいい進化論の解釈及び初期の粗雑な人類学とが結びつき，イギリス人，ドイツ人その他の早くから入植した移民が長身で金髪と青い目の優れた民族を造り上げたという思想が生まれたことに加え，黒髪のアルプス人や地中海人など東欧や南欧の劣った種の人々がアングロサクソンの伝統的な血統や文化を脅かすのではないかという考えが広く流布された当時の社会状況の存在を指摘する．そこで，東欧や南欧からの移民をアメリカ民族の一部として取り込み，その子どもたちにアングロサクソンの価値観や法秩序を教え込むことが必要だとされた[9]．

　その後，第一次世界大戦で同じアングロサクソンに属するドイツ人と戦い，アメリカなどの連合国側が勝利を収めた結果，アメリカ国内ではアメリカ主義（Americanism）が席巻し，ドイツ系アメリカ人をはじめとする外国系のアメリカ人に対しアメリカへの100％の忠誠を求めるべきだとする世論が高まった．政府も，これら移民に対し，英語を学び，帰化を申請し，戦債を購入することを求めたとされる[10]．

　このようにして，アメリカの移民政策は，アングロ準拠主義を基本に進められることになった．以下，アメリカの移民政策の経緯と帰化制度の現状について，法制度を中心により具体的な検討を行う[11]．

2　アメリカ移民政策の経緯と現状

　2017年，メキシコとの国境に壁を作るという共和党のトランプ大統領の過激な移民政策が世界の注目を浴び，批判の的となった．しかし，以下で述べるように，アメリカでは，移民受入のあり方について，建国前から様々な議論があり，実際に多くの差別的な政策がとられてきたのである．ここでは，主にジョン・F・ケネディ（John F Kennedy）が上院議員時代の1958年に著した『移

民の国』[12]を中心に，アメリカの移民政策の経緯を簡単に振り返る．ケネディ
は，大統領になった後の 1963 年に同書の内容に手を加え，その後間もない同
年 11 月 22 日にテキサス州ダラスで暗殺された．同書は，人種に基づいた移民
の国別割当制度を見直すべきだという自らの政策を主張するために書かれたも
のだが，アメリカの移民政策の歴史を知る上でも必読の書である．

（1）　アメリカ移民政策の経緯
ア　自由な移民受入政策とその転換

　1607 年にイギリスの開拓者がヴァージニアに入植して以降，イギリスだけ
でなく，ドイツ，フランスなど主に西欧や北欧の国々から多くの人々が移民と
してアメリカに入植した．その理由は，第一に，メイフラワー号でイギリスか
ら逃れてきたピューリタンのように，自由な信仰を求めるためであった．第二
には，政治的な弾圧から逃れるためであった．フランス革命をはじめとする
様々な革命がヨーロッパで起き，又は失敗するたびに，政治的弾圧を逃れて多
くの人々がアメリカに逃げ場を求めたのである．第三に，富を求め，又は貧困
から逃れるために，新大陸を目指した人々がいた．その結果，1607 年以降
4,200 万の人々がアメリカに移住し，その 350 年後には 2 億人の人口を擁する
国になった[13]．

　独立戦争前の 1740 年には帰化法が成立し，植民地アメリカの外国人，特に
ユダヤ人にイギリス国籍を与えることにした[14]．独立後の 1790 年には，帰化
の統一的規則を確立する法律（以下「1790 年帰化法」という）[15]が制定され
た．この法律は，国内に 2 年間居住している「自由な白人（free white per-
son）」は帰化を申請できるとし，善き性格を帰化の要件とした．1795 年には
法律が改正され[16]，居住要件が 5 年に延長されている．

　1797 年には，自由な移民政策は，国が新しく住民が少ないときにはいいが，
今やアメリカは成熟し，人口も十分に増えたので，移民は止めるべきだという
意見が議会で出されるようになった．このため，1798 年に連邦議会で外国人
及び反政府法[17]が成立し，合衆国の平和と安全にとって危険な外国人を排除す
る権限を政府に認めるとともに，帰化のための居住要件を 14 年に延長した[18]．
その後，1802 年の帰化法で居住要件は 5 年に短縮されている[19]．

イ　アジア人の排斥と移民規制の強化

1882年には，黄禍論を背景に，中国人排斥法[20]が議会を通過した．それまで，中国との協定によって，中国人は自由で制限のないアメリカへの移民を保障されており，彼らは建設労働などで社会に貢献した．しかし，低賃金労働に甘んじる中国人労働者がアメリカ人の労働を蝕んでいるとの批判が強まり，中国からの移民は完全に禁止されることになった[21]．

1891年には，帰化法が改正され，一夫多妻主義者，伝染病罹患者，道徳的非行で有罪判決を受けた者が帰化の欠格事由とされた[22]．1901年にマッキンリー大統領が無政府主義者によって暗殺された事件を受け，1903年には帰化法が改正され，無政府主義者や暴力・武力で政府を転覆しようとする者，政府職員の暗殺を謀る者などの入国が禁止された[23]．

1897年，議会は，成人の移民に対する基礎学力テスト（literacy test）などを導入する法律[24]を通過させた．これに対し，歴代の大統領は，基礎学力は教育の機会の問題であり，個人の能力や市民としての潜在能力の問題ではないとして拒否権を発動し続けたが，第一次世界大戦を背景に議会がウィルソン大統領の拒否権を覆し，1917年に法律として成立させた[25]．この学力テストは，母国語で30語から40語の文章を読めるかどうかをテストするもので，文盲などの排除を目的としていた．

日本や韓国などアジアから流入した移民が低賃金で働くためアメリカ人労働者の賃金水準を引き下げているという批判の高まりを受け，日本政府は，1907年から8年にかけ，日本からアメリカに直接行く労働者にはパスポートを発給しないという紳士協定をアメリカと結んだ．しかし，西海岸の移民排斥論者はこれに納得せず，1913年には，カリフォルニア州が，日本人の農業用地所有を実質的に禁止する外国人土地法を制定した[26]．

ウ　国別割当制度の導入

1918年に第一次世界大戦が終わると大量の移民がアメリカに押し寄せた．このため，アメリカが移民を受け入れられるキャパシティは限られており，移民の数を制限すべきだという世論が高まり，1921年に緊急移民制限法[27]が成立し，緊急国別割当制度（Emergency quota system）が導入された．出身国制度（National origins system）とも呼ばれるこの制度は，各国からの受入移

L

民数を 1910 年の国勢調査に基づくアメリカ居住の当該国出身者総数の 3% 以内に制限し，かつ，毎年の受入移民総数を決めるというものであり，この受入移民総数は 35 万 7 千人とされた．この制度は，早くからアメリカへ移住してきた西欧や北欧から多くの移民を受け入れ，それまで移民が少なかった南欧や東欧，アジアからの移民を制限することを狙いとしていた[28,29]．

1924 年にはこの法律が改正されて出身国法[30]となった．これは，1924 年から 29 年までの一時的な取決めとして定められたもので，西欧以外からの移民をより制限するため，1924 年の国別割当数を 1910 年ではなく 1890 年にアメリカに住んでいた者を基準にその国の出身者総数の 2% 以内に引き下げるとともに，受入移民総数も 16 万 4 千人に引き下げた[31]．同時に，アジア人排斥法[32]が制定され，日本を含むアジアからの移民が禁止された[33]．1929 年には，ニューヨーク株式市場の大暴落を契機として世界恐慌が起こる中で，この割当制度が恒久化され，15 万 7 千人が毎年の受入移民数とされた．また，国別の割当数は，1920 年のアメリカの人口に占める出身国別人数を基準とするように変更された[34]．

この割当制度が導入された要因としては，①第一次世界大戦後の孤立主義，②アングロサクソンとゲルマンの人種的優越性を主張する理論，③貧しい労働者は賃金水準を引き下げるという懸念，④ある国の人々は他の国の人々より法を守らないという考え，⑤外国のイデオロギーによる政府転覆に対する恐れ，⑥様々な慣習や習慣をもつ人々が多数入国することにより国民的，社会的統一や秩序が蝕まれるのではないかという懸念の 6 つがあげられており，このような議論は今日でも聞かれるとする[35]．しかし，ケネディは，このような考えは，移民の資格は生まれた国にかかわらないというアメリカの伝統と原則に根本的に反するだけでなく，「すべての者は平等に造られた」という独立宣言にも反すると述べている[36]．

エ　国別割当制度の廃止と東側亡命者の受入

1952 年に現行の移民国籍法[37]が成立する．この法律は，それまでの移民に関連する法律を集大成したものであり，同時に，中国人や日本人，韓国人その他の東アジアの人々に対する人種的な制限を廃止し，これらの国々に対する毎年百人の最低割当数を定めた．しかし，この法律では，国別割当制度は維持し

たままにし，同時に，家族の再統合（family reunification）を容易にする改正が行われた[38]．

　1953年には，亡命者救済法[39]が成立し，東西冷戦の下で，鉄のカーテンの向こう側から逃げてきた20万人の人々の帰化を認めた．1957年にはハンガリーの30万人の自由の闘士が入国を認められ，翌58年には，これら移民のための特別な法律が作られた．さらに，1962年には，中国共産党から逃げてきた中国人の亡命者を受け入れるための法律が作られた[40]．この時期，帰化制度は，東側に対抗する強力な非軍事的手段としての役割も果たしていたのである．

　ケネディの死を受けて大統領に就任したジョンソンは，1965年に南欧やアジアの国々を差別することになる厳格な国別割当制を廃止する法案に署名した．これによって，国別割当制度は，3年以上かけて段階的に廃止されることになった[41]．同時に，この法律では，初めて西半球からの移民を制限することにした．その結果，それまではヨーロッパやカナダからの移民が多くを占めていたのに対し，1970年代以降は，ヒスパニックやラテンだけでなく，アジアからの移民が急増した[42]．

オ　不法移民対策の強化

　1990年，移民国籍法が改正され，毎年の移民の受入上限がそれまでの27万人から67万5千人（法施行後3年間は70万人）に緩和されるとともに，専門性や技能に応じた5段階のビザ制度，家族の再統合を容易にする移民制度が導入された．また，宗教，信条，政治的結社を理由として移民を排除することが禁止され，移民の欠格条項から同性愛が削除された[43,44]．

　1996年，クリントン大統領が不法移民改革及び移民責任法[45]（以下「1996年法」という）に署名し，これによって，不法移民対策が強化され，国境警備隊と移民帰化局の権限が強化された[46]．

　2001年9月11日，同時多発テロが発生する．翌10月，アメリカ合衆国愛国者法[47]が成立し，テロに関与した疑いのある移民に対する政府の調査・拘留権限の強化等がなされた．2002年，政府機関を再編して国土安全保障省（Department of Homeland Security：DHS）が創設される．移民帰化局の関係では，テロの予防及び対策を所管することになった[48]．

カ　政権交代と移民対策の変化

　2010 年，外国人未成年者のための発達，救済及び教育法（DREAM Act）[49)] が上院でわずか 5 票差で否決された．この法律は，不法滞在の親と一緒にアメリカに来た 16 歳未満の子が国外退去にならないようにし，一定の要件を満たせば市民権を取得できるようにするというものであった．これに対抗し，民主党のオバマ大統領は，16 歳になる前にアメリカに来た不法移民の子について 2 年間は国外退去を行わず，仕事にも就けるようにするため，行政措置として，子どもの入国に対する延期決定（DACA）[50)]を出した[51)]．

　2017 年 1 月，メキシコとの国境に壁を作ることを選挙戦で主張した共和党のトランプ大統領が誕生すると，7 つのイスラム国―イラン，イラク，リビア，ソマリア，スーダン，シリア及びイエメン―の国民のアメリカへの入国を 90 日間禁止するなどの行政命令を出した．同年 9 月には，トランプ大統領が，DACA を 6 月以内に終了させる決定をした．これに対し，連邦判事が反対の判決を出したものの，DACA の今後は，不確実なままとなっている[52)]．

（2）　現行の移民政策

ア　自給自足の原則

　アメリカの移民国籍法は，「福祉と移民に関する国家政策の声明」と題して，次の条文を置いている．

○福祉と移民に関する国家政策の声明（合衆国法典第 1601 条）
　議会は，福祉と移民に関する国家政策に関して以下の声明を発表する．
（1）　自給自足（self-sufficiency）は，この国の最も早い移民法以来，合衆国移民法の基本原則となっている．
（2）　以下は，合衆国の移民政策であり続けている．
（A）　国家の境界内にいる外国人は，そのニーズを満たすため，公共の資源に依存せず，むしろ自らの能力並びにその家族，支援者及び民間組織の資源に頼ること．
（B）　移民は，公的給付（public benefits）を利用するために合衆国に来るのではないこと．

　これに続けて，この声明では，自給自足の原則にもかかわらず，外国人の公

的給付の受給が著しく増加していること，移民政策に従って外国人が自立する
ための資格要件等に関する新しいルールを制定し，公的給付の利用によって生
じる不法移民のインセンティブを取り除くのは，政府の強い関心事であること
などを謳っている．

　ちなみに，この声明は，1996 年法で追加されたものであり，民主党のクリ
ントン大統領時代の立法である．このことからもわかるように，共和党に限ら
ず，民主党にも，移民に対して厳しい姿勢で臨むべきだとする意見は存在して
いる．

イ　ビザ発給段階での総量規制

　現行の移民国籍法では，帰化について受入人数の上限を決めるという仕組み
はとっておらず，その代わりビザの発給について総量規制をしている（合衆国
法典第 1152 条）．後述するように，合法的な永住を許可された後 5 年間連続し
て居住していることが帰化の一般的要件とされているため，帰化の前提となる
永住のための移民ビザの発行段階で人数をコントロールすれば，帰化の人数を
コントロールできるからである．

　ちなみに，移民ビザの発行についても，「いかなる者も，移民ビザの発行に
おいて，その者の人種，性別，国籍，出生地，居住地を理由として，優遇若し
くは優先権を受けるか，又は，差別されてはならない」と定め（合衆国法典第
1152 条（a）項（1）（A）），平等取扱いの原則が明記されている．

（3）　帰化者数の推移

　このように揺れ動いてきたアメリカの移民政策の下における 1907 年から
2018 年までの帰化の実績は，次の図 1.1 のとおりとなっている[53]．

　移民政策の経緯と対照させると，帰化者数は，第一次世界大戦後の 1919 年
に 22 万人へと急増した．その後やや減少したものの，世界恐慌が起きた 1929
年には再び 22 万人まで増加し，翌 30 年には 17 万人へと減少している．さら
に，第二次世界大戦中の 1944 年には 44 万人と突出しているが，これは，ユダ
ヤ人などの亡命者を受け入れたことによるものと思われる．

　戦後しばらくは低位に推移していたが，1955 年には 21 万人に増加してい
る．この頃は，鉄のカーテンの向こう側から亡命者を受け入れた時期であった．

図 1.1　米国の帰化実績の推移—1907 年〜2018 年—

　その後，1985 年に 24 万人と 20 万人のラインを越え，1991 年 12 月にソ連が崩壊してアメリカ一強の時代になると帰化者数は増加の一途を辿り，1996 年には 104 万人に達した．翌 97 年には 60 万人にまで急減しているが，これは 1996 年法の成果であろう．1990 年代後半以降は，総じて帰化者数は高止まりしているが，同時に帰化が認められなかった不許可者数も顕著に増加している．これも，1996 年法の効果であろう．移民に厳しい姿勢を示すトランプ政権誕生後も，帰化者数は 2017 年 71 万人，2018 年 76 万人となっており，大幅な低下を示しているわけではない．このように，世界には自国よりアメリカで暮らすことを希望する人々が依然として多数存在しており，アメリカもそれらの人々をある範囲で—日本よりもはるかに寛容に—受け入れていることがわかる．

　ちなみに，2009 年から 2018 年までの 10 年間における日本人のアメリカへの帰化者数をみると，2009 年は 2,192 人とやや多かったが，それ以降は 1,600 人から 1,800 人台で推移している．

3　関係法令等

　次に，帰化の前提となる国民の要件を検討した上で，帰化要件の具体的内容

等を検討するが，その前に，それらを定めている関係法令等について述べてお
く．

（1）　移民国籍法

　アメリカにおける国民の要件や帰化の要件等については，1952年に制定さ
れた移民国籍法が定めている．同法は，その後の度重なる改正を経て現在に
至っているが，その条文自体は，合衆国の主要な法律を収載している合衆国法
典（United States Code：U.S.C）の「第8編外国人及び国籍（Title 8-Aliens
and Nationality）」に統合されている．この合衆国法典は，下院の法改正顧問
事務局（Office of the Law Revision Counsel）が管理しており，これに掲載さ
れている条文が公式のものとされているので，本章でも，具体的な条文を引用
する場合には，合衆国法典に掲載されているものを用いることにする．例え
ば，移民国籍法第319条は合衆国法典では第8編の第1430条になるので，後
者に従い第1430条と表記する．
　なお，第8編は，第1章から第14章までの構成となっているが，このうち
第1章から第11章までは，条文が削除されているか，省略されているか，又
は法典の再編等によって他の編に移されており，現時点で有効な条文が置かれ
ているのは，第12章から第14章までの3章のみとなっている．
　ちなみに，失効状態となっている第1章から第11章の中には，例えば，第
4章「奴隷から解放された自由民（Freedmen）」，第7章「中国人の排斥（Ex-
clusion of Chinese）」，第8章「クーリー（インド人の日雇人夫）の取引（The
cooly trade）」といった過去の遺物としか思えない題名の章がそのまま残され
ている．歴史の痕跡を残すという意義はあるものの，失効した条文だけからな
る章を法典に残しておくというのは，法制的に興味深い．
　移民国籍法は，帰化要件等の基本を定めており，さらに細かい事項について
は，連邦規則で定めることがある．本章では，必要がある場合には電子版連邦
規則（Electric Code of Federal Regulations：CFR）の該当条文を示した．

（2）　移民不服審査委員会決定

　移民不服審査委員会（Board of Immigration Appeals：BIA）とは，司法省

（Department of Justice）に置かれた移民国籍法の解釈と適用に関する最高の行政委員会であり，司法長官に対する不服申立ての審理において独立した判断を行うとされている．この委員会は，委員長及び副委員長を含む最大21人の委員によって構成されており，アメリカ政府を一方の当事者とし，外国人，国民又は企業を他方当事者とする，入国審査官（immigration judges）又は国土安全保障省長官によって下された決定に対する不服申立てを審査するための委員会である．

移民不服審査委員会の審査は，書面審査が原則だが，口頭審査を行うこともある．同委員会の決定に不服がある場合には，連邦裁判所の司法審査を受けることができる．同委員会への申立ての大部分は，退去命令（orders of removal）と退去からの救済申立（applications for relief from removal）関係であり，同委員会の決定は，「合衆国移民国籍法の下における行政決定（Administrative Decisions Under Immigration and Nationality Laws of the United States）」と題して刊行されている．

また，合衆国国籍移民局（U.S. Citizenship and Immigration Service：USCIS）（以下「移民局」という）の政策便覧（Policy Manual）[54]においても，解釈の根拠として移民不服審査委員会の決定をしばしば引用しているが，本書では，この引用は省略する．

（3） 移民局の行政解釈

アメリカの帰化に関する事務は，国土安全保障省に属する移民局が担っている．本章のうち帰化に関する具体的な取扱いに関する記述は，移民局がHP上で帰化事務に関して公表している政策便覧，特にその第12編市民権及び帰化（Volume 12-Citizenship and Naturalization）に基づいている．

4　アメリカ国民の定義

（1）　国民と市民の違い

合衆国法典第8編第12章「移民及び国籍」では，冒頭の第1101条で用語の

定義をしている．それによると，「外国人（alien）」を「合衆国の市民でも，国民でもない者（any person not a citizen or national of the United States）」と定義し（第1101条（a）項（3）），市民（citizen）と国民（national）が別の概念であることを明らかにしている．他方，「国民」については，「国家に対する永遠の忠誠を負う者」（第1101条（a）項（21））と定義しているものの，「市民」についての定義規定はない．しかし，「合衆国の国民（national of the United States）」については，「（A）合衆国の市民（a citizen of the United States），又は（B）合衆国の市民ではないが，合衆国に対する永遠の忠誠を負う者（a person who, though not a citizen of the United States, owes permanent allegiance to the United States）」と定義している（第1101条（a）項（22））．以上のことから，合衆国の国民（national）には，市民（citizen）と市民ではない国民（national, but not a citizen）がいること，後者も国家に対する永遠の忠誠を負うことが明らかとなる．

（2）　原則「国民」と表記

　次に，国民及び市民の具体的な要件を定めた第1401条（a）項をみると，アメリカは，国籍について，生地主義（jus soli）を基本としているので，「合衆国で生まれ，その管轄権に服する者」は，出生による合衆国国民及び市民（nationals and citizens of the United States at birth）であると定めている．他方，第1408条では，「その領土を正式に取得した日以降に合衆国の遠隔領土（outlying possession）で生まれた者」は，「出生による合衆国の国民だが，市民ではない」と定めている．これらの規定から，合衆国で生まれ，その管轄権に服する者は，合衆国の国民であると同時に市民となるが，合衆国の遠隔領土で生まれた者は，合衆国の国民ではあっても市民ではない，ということになる．ちなみに，現在の合衆国の遠隔領土は，アメリカ領サモア（American Samoa）とスウェインズ島（Swains Island）とされている[55]．

　以上のことから，アメリカ領サモアとスウェインズ島で生まれた者は，合衆国の国民だが市民ではなく，これら以外の合衆国領土で生まれた者は，合衆国国民及び市民であるというのが移民国籍法上の整理となる．

　本章では，出生以外の事由で合衆国民になる「帰化」をテーマにしているこ

とから，原則として「市民」も「国民」と表記することにする．

（3） 合衆国憲法の定め

ア 1788 年の合衆国憲法―「国民」に含まれなかった奴隷―

i 人を自由人など 4 種類に区分

1788 年に成立した合衆国憲法（Constitution of the United States）[56]（以下「憲法」という）では，国民の要件について特段の定めを置かなかった．ただし，下院議員（憲法第 1 条第 2 節第 2 項），上院議員（同第 1 条第 3 節第 3 項）及び大統領（同第 2 条第 1 節第 5 項）の消極要件として，「合衆国国民でない者」を定めており，また，司法権の管轄（同第 3 条第 2 節第 1 項）及び連邦制（第 4 条第 2 節第 1 項）でも「国民」という語を用いていたが，国民自体の定義については定めがなかった．

ただし，下院議員と直接税の各州への配分を定めた憲法第 1 条第 2 節第 3 項では，「自由人（free Persons）」，「年季奉公人（those（＝persons）bound to Service for a Term of Years）」[57]，「インディアン（Indians）」，「すべての他の人（all other Persons）」という 4 種類に人を区分しており，最後の「他の人」とは奴隷（slaves）を意味していた[58]．この条文は，下院議員及び直接税は各州の人口に応じて配分されること，並びに人口には自由人と年季奉公人の総数を含み，課税されないインディアンは除外し，その他の人（奴隷）の数の 5 分の 3 を加えることを定めていた．

また，憲法第 1 条第 8 節第 4 項では，連邦議会の権限として，「統一的な帰化の規則」の制定を定めており，これを受けて 1790 年帰化法が制定されたが，同法では，帰化できるのを「自由な白人」に限り，インディアン等の先住民や奴隷，さらにアジア人も帰化の対象から除外していた[59]．

ii 「国民」に含まれなかった奴隷

憲法第 1 条第 9 節第 1 項は，「現在ある州のいずれかが認めることを適切と考えるそれらの人々の移動又は輸入は，1808 年より前は，議会によって禁止されてはならない」と定めていた．ここでいう「それらの人々（such Persons）」とは奴隷を意味し，本項は，憲法制定時に奴隷の輸入を認めていた州について，憲法採択後 20 年間は連邦議会がそれを禁止できないことを定めた

ものである[60].

　また，憲法第4条第2節第3項は，「ある州の法律の下で役務又は労働の義務を負い，他の州に逃亡した者は，他の州のいかなる法律又は規則によってもその役務又は労働を免除されることはなく，その役務又は労働の利益を受ける当事者の請求に基づき，引き渡されなければならない」と定めていた．本項は，いかなる州法によっても，奴隷所有者の権利を制限し，規制できない旨を定めたものであり，そのため，奴隷所有者は，他の州に逃亡した奴隷に対し自分の州の法律で与えられた権利を行使し，奴隷を捕まえ，取り戻すことができるとされていた[61].

　1857年には，Scott v. Sandford 事件において，最高裁判所が，これら憲法の条文からして，奴隷は憲法でいう「国民（citizen）」に含まれず，奴隷及びその子孫には自由の恩恵や個人の権利は与えられていないとする解釈を示している[62].

イ　憲法第13修正及び第14修正─生地主義の平等な適用─

i　奴隷解放宣言と第13修正による奴隷制の廃止

　1861年4月，奴隷制度の存廃等を巡って南北戦争が起き，その最中の1863年1月，リンカーン大統領は奴隷解放宣言（Emancipation Proclamation）を発布した．しかし，当時，このような時期に出された大統領の宣言の効力には疑問が呈されており，また，連邦議会の権限がこのように特別な制度の撤廃に及ぶのかという問題もあったので，憲法の改正が望まれていた[63].

　南北戦争が続く1865年1月，連邦議会は，第13修正案（奴隷制度の廃止）を提案したが，4分の3の州がこれを承認しなければ憲法修正は効力を生じなかった（憲法第5条）．同年4月，奴隷制の廃止を主張した北軍が勝利を収め，同年12月に当時の36州の4分の3ぎりぎりの27州がこの改正を承認して，「奴隷及び強制された労働は，犯罪に対する処罰として当事者が適法に有罪判決を受けた場合を除き，合衆国又はその管轄権に属するいかなる場所においても，存在してはならない」と定めた第13修正が成立した．同時に，逃亡奴隷の取扱いに関する憲法第4条第2節第3項が廃止された．

ii　第14修正による国民概念の改正─生地主義の平等な適用─

　1866年6月，第14修正は連邦議会を通過したが，その内容について大きな

議論を呼んだため，その成立は 1868 年 7 月まで待たなければならなかった．この第 14 修正は，第 1 節（国民の定義及び幅広い権利の付与），第 2 節（下院議員の各州への配分ルール），第 3 節（官職の欠格事由），第 4 節（国債）及び第 5 節（立法への委任）からなっている．

このうちの第 1 節は，「合衆国で生まれ，又は帰化し，かつ，その管轄権に服するすべての者は，合衆国及びその居住する州の国民である．いかなる州も，合衆国国民の特権又は免除を制限する法律を制定し，又は施行してはならない．いかなる州も，法の適法な手続なしに，人の生命，自由又は財産を奪ってはならない．また，その管轄内のいかなる者に対しても，法の平等な保護を否定してはならない」と定めていた．第 1 文が，本章で取り上げる国民の定義規定であり，第 2 文は州法による特権・免除の制限の禁止，第 3 文はいわゆる適正手続（due process of law）条項，第 4 文は州法による平等な保護を定めている．

国民の定義に関しては，それ以前に 1866 年公民権法[64]が成立しており，第 14 修正は，その内容を改めて憲法で明記したものであった．そもそも，コモン・ローの下では，自由人は生まれた国の国民になるのがルールとされていた．しかし，前述の Scott v. Sandford 事件において，最高裁判所が，このルールは奴隷から解放された自由人（freed slaves）には適用されないという判断を下したため，黒人は奴隷制から解放されてもアメリカ国民にはなれないままとなった．これを改めるため，議会は，1866 年公民権法によって最高裁判所が示した国民の概念を改め，さらに第 14 修正第 1 節第 1 文で憲法にもその内容を明記したのである[65]．

第 14 修正第 1 節第 1 文は，「合衆国で生まれ……かつ，その管轄権に服するすべての者」は国民であると定めている．ここでは，第一に，生地主義をとり，出生によってアメリカ国籍が与えられること，第二に，それは自由人に限られず，奴隷であった黒人も含めた「すべての者」を対象とすることが明らかにされている．これについて，1866 年公民権法第 1 条は，「合衆国で生まれ，外国の権力の支配下にないすべての者は……合衆国の市民であると宣言される．そして，そのような国民は，どのような人種や肌の色であっても，過去の奴隷や強制労働の条件にかかわらず，当事者が適法に有罪判決を受けた犯罪に

対する処罰を除き，合衆国のすべての州及び準州（Territory）において同じ
権利を有する」とより具体的に定めていた．

　なお，第14修正第2項によって憲法第1条第2節が改正され，下院議員の
各州への配分に関するルールから「年季奉公人」と「すべての他の人（＝奴
隷）」が削除された．さらに，1870年2月に，選挙における人種差別を禁止し
た第15修正が成立している．

ウ　憲法上公用語の定めはない

　欧州各国から入植者が入ってきた独立前のある時期には，アメリカ大陸が英
語，スペイン語及びフランス語の3カ国語を話す地域に分かれそうなときも
あったが，最初の入植者のマジョリティであったイギリス人がもたらした政府
の形態や言語（英語）などがアメリカの諸制度の基礎となった[66]．憲法には，
公用語に関する規定は置かれなかったが，後述するように，移民国籍法におい
て，アメリカへの帰化の積極要件として，英語を読み，書き，話す能力が定め
られており，英語は事実上の公用語となっている．

（4）　アメリカ国民の要件―生地主義と血統主義―

ア　アメリカで生まれた者はアメリカ国民―生地主義の原則―

　第14修正第1節を受け，移民国籍法では，出生によるアメリカ国民及び市
民である者として，以下のものを定めている（第1401条）（本条の（d）項及
び（e）項並びに（g）項の一部は，遠隔領土に関するものなので，省略す
る）．

(a)　合衆国で生まれ，その管轄権に服する者

(b)　インディアン，エスキモー，アリュート族その他の先住民族（aborigi-
　　nal tribe）のメンバーとして合衆国で生まれた者．ただし，この項に基づく
　　市民権の付与は，いかなる方法においても，部族その他の財産に対するこれ
　　らの者の権利を損なったり，他の方法で影響を与えたりしないものとする．

(c)　合衆国外で生まれた者であって，両親がアメリカ国民であり，その者の
　　出生前に両親の一人が合衆国に居住していたもの

(f)　合衆国において5歳未満で発見された者であって，親が不明であり，そ
　　の者が21歳に達する前に，合衆国で生まれていないことが判明したもの

(g)　合衆国の地理的境界外で生まれ，両親のうちの一人が外国人で，他の一人が合衆国国民であり，国民である親がその者の誕生前に合計で5年間以上，かつ，そのうちの2年間は14歳に達して以降，合衆国に物理的に滞在していた者（以下略）

i　生地主義の原則

(a) 項は，生地主義の原則を定めた規定であり，これによって，アメリカで生まれた者は，その親の国籍いかんにかかわらず，出生によるアメリカ国民になることが明らかにされている．

(b) 項では，先住民族についても生地主義が適用されることを定めている．同時に，彼らが国民になっても，その部族特有の財産関係に影響を与えるものではないこと，換言すれば，先住民族の部族の財産に対しては，アメリカの財産法が直ちに適用されるものではないことを明らかにしている．これは，先住民族固有の財産に関する自治を認める趣旨と思われる．

ii　血統主義の場合

(c) 項では，血統主義も認めており，両親がアメリカ国民である子が外国で生まれた場合には，その出生前に両親のいずれか一人がアメリカに居住していたことを条件に，その子も出生による国民になるとしている．

(g) 項では，両親のうちの一人がアメリカ国民である子についても血統主義をとることとしているが，国民である親について，その子の誕生前に5年以上（うち2年間は14歳以降）アメリカ国内に物理的に滞在していたことを要件としている．

このように，(c) 項及び (g) 項では，血統主義をとりつつも，親のアメリカでの居住又は物理的滞在を要件とすることにより，少なくとも子の親とアメリカ社会との一定のつながりを求めているものと解され，これは，同化主義の一つの現れと捉えることができよう．

なお，(f) 項は，出生はアメリカ国外だが，5歳になる前にアメリカ国内で発見され，かつ，その親が不明な子に関する規定である．国境が陸続きのアメリカでは，隣国メキシコからの不法移民が絶えないが，この規定により，乳幼児だけがアメリカ国内に置き去りにされた場合，その子はアメリカ国籍を取得できることになる．

イ　アメリカ国外で生まれた子—血統主義—

アメリカ国内で生まれた子には生地主義が適用され，親の国籍を問わず出生によるアメリカ国民となるのに対し，アメリカ国外で生まれた子については血統主義が適用される．このうち出生による国籍取得については上述したが，このほかに帰化の特例として，以下の定めがなされている．

i　アメリカ国外で生まれ，アメリカ国内に永住している子

合衆国外で生まれ，合衆国内に居住している子は，次の①から③の条件をすべて満たせば，自動的にアメリカ国民になる（第1431条（a）項）．アメリカ国民の親によって養子とされた子についても，同様である（同条（b）項）．

①その子の少なくとも一人の親は，アメリカ国民（出生によってか，帰化によってかを問わない）であること．

②その子は，18歳未満であること．

③その子は，合法的な永住許可を受け，アメリカ国民たる親の法的及び物理的な監護の下で合衆国に居住していること．

なお，本条の適用を受けてアメリカ国民になるためには，その子の名前と生年月日を証明するための出生証明書，裁判所の決定（養子の場合）など一定の証明書が必要となる（同条（c）項）．

ii　アメリカ国外で生まれ，アメリカ国外に居住している子

アメリカ国外で生まれ，アメリカ国外に居住している子については，自動的な国籍取得は認められないが，次の①から⑤の条件を満たせば，アメリカ国民になることができる．この場合，アメリカ国民である親が子に代わって申請することが必要である（第1433条（a）項）．アメリカ国民の親によって養子とされた子についても，同様である（同条（c）項）．なお，これは，後述する帰化の一種であるが，便宜上，ここで説明する．

①その子の少なくとも一人の親は，アメリカ国民（出生によってか，帰化によってかを問わない）であること．

②アメリカ国民の親が，次の（A）又は（B）のいずれかの条件を満たしていること．

（A）　合計で5年以上の期間，そのうちの少なくとも2年間は14歳に達して以降，合衆国に物理的に滞在していたこと．

(B)　合計で 5 年以上の期間, そのうちの少なくとも 2 年間は 14 歳に達して
　　以降, 合衆国に物理的に滞在していたアメリカ国民の親（その子にとっての
　　祖父母）がいること.
③その子は, 18 歳未満であること.
④その子は, 申請者の法的及び物理的な監護の下で合衆国外に居住しているこ
と.
⑤その子は, 合法的な許可を得て一時的に合衆国に滞在し, かつ, その合法的
な地位を維持していること.
　以上の要件を満たし, 帰化申請が承認された場合, その子は, 合衆国内で忠
誠の誓いを行わなければならず, それが終了すると国民となり, 司法長官から
市民権の証明書が付与される（同条（b）項）.
　このように, アメリカ国外で生まれ, アメリカ国外で居住している子につい
ては, 血統主義に基づき, 親の一人がアメリカ人であれば特例的な帰化が認め
られるが, 子に居住要件を求めることができないので, その親又は祖父母に居
住要件を課している. また, その子は, アメリカ国内に居住していなくてもよ
いが, 帰化申請の許可が下り, アメリカへの忠誠の誓いをする際には, アメリ
カ国内に滞在していることが必要とされている.

iii　アメリカ軍の隊員の子に関する特例

　アメリカ軍の隊員が国外で任務についている場合について, 移民国籍法は大
幅な特例を定めている.
　具体的には, アメリカ国外で生まれたアメリカ軍の隊員の子が, その隊員に
同行して海外に居住することが認められ, 実際にその隊員とともに居住してい
る場合には, ii②（A）の適用については, 隊員が海外に滞在している期間が
合衆国内の物理的滞在期間とみなされ, ii⑤は適用が除外され, 忠誠の誓いを
アメリカ国内ではなく海外の軍事施設において行うことが認められている（同
条（d）項）.

5　帰化による国民

（1）　帰化の一般的要件
ア　一般的申請要件―合法的永住と一定期間の居住―

移民国籍法では，出生後の国籍取得事由である帰化について，詳細な規定を置いている．まず，帰化の一般的申請要件として，次の①から⑥が定められている（第1427条（a））．

①合法的永住者（Lawful Permanent Resident：LPR）であること．

②合法的永住を許可された後，帰化申請の直前までの少なくとも5年間連続して合衆国内に居住していること．

　ここでいう「連続居住（continuous residence）」とは，申請者が法律で必要とされる期間にわたって合衆国に恒久的な居住地（permanent dwelling place）を有していることをいい，外国人の住居は，「その外国人の意図に関係なく，その外国人の住所（domicile）又は実際の主たる居所（principal actual dwelling place）と同じ」[67]と解されている．

　一定期間以上合衆国を不在にした場合には，居住の連続性が失われ，連続居住の要件を欠くことになる（第1427条（b）項）．具体的には，6カ月以上1年未満の合衆国からの不在は，申請者がその期間中合衆国での居住を放棄していなかったことを証明しない限り，居住の連続性を失わせ，さらに1年間以上連続した合衆国からの不在は，当然に居住の連続性を失わせることになる．

③帰化申請日直前の5年間のうち合計で少なくとも半分の期間は合衆国に物理的に滞在していること．

　この「物理的滞在（physical presence）」要件と②の「連続居住」要件は，相互に関連しているものの，その内容は異なる．物理的滞在とは，申請者が実際にアメリカ国内に滞在していた日をいい[68]，したがって，連続居住期間中に旅行などでアメリカ国外に滞在した場合には，連続居住はあるが，物理的滞在はないということになる．

　ここで注目すべきは，合法的永住者となった後5年間の居住を要件とし，さ

らにそのうちの半分以上は実際にアメリカに滞在していたことを求めていることである．これは，帰化の申請者が一定期間アメリカ社会で実際に生活したという事実，すなわち社会生活における同化を帰化の要件としたものと捉えることができよう．

④帰化申請を行った州に申請直前の少なくとも3カ月間居住していること．

　ここでは，5年間の居住要件及びその半分の期間以上の物理的滞在要件のほかに，帰化申請を行った州に居住していることを求めている．帰化申請後に申請者が居住地を変更する場合には，申請者は住所の変更を移民局に報告しなければならない．

⑤帰化の申請日から市民権の許可のときまで合衆国内に連続して居住していること．

⑥上記のすべての期間において，憲法の原則に準拠し，合衆国の良き秩序と幸福に十分に配慮した，善き性格（good moral character：GMO）の者であったこと．

　⑥の要件のうち，前段の憲法準拠要件は，申請者が憲法秩序を承認し，遵守することを求めるものである．同様の趣旨から，後述するように，アメリカ政府を打倒することや共産主義を主張することなどが帰化の消極要件として定められている．

　次に，後段の善き性格は，申請者が居住するコミュニティの平均的な市民の基準に達しているかどうかで判断される．善き性格の要件は申請者が証明しなければならず，証明が求められる期間は，一般的な帰化申請の場合には居住要件と同じ5年間とされている．ただし，一定の犯罪歴その他過去の行為が現在の道徳性に関連する場合には，期間外の行為であっても善き性格の判断に影響を与えることがある[69]．

イ　積極要件―英語と公民の知識能力―

　上記要件を満たした者から帰化の申請があった場合，移民局が審査を行うことになるが，同局によって審査されるアメリカ国民としての適格性に関する要件は，移民国籍法で詳細に定められている．

i　人種等による差別の禁止

　まず，帰化の資格に関し「合衆国の帰化国民になる権利は，人種若しくは性

別又はその者が結婚していることを理由に，否定又ははく奪されない」と定め（第1422条），人種，性別及び婚姻の有無による差別の禁止を謳っている．

ii　知識能力要件

その上で，アメリカ国民になるための積極的な帰化要件として，次の①と②が定められている（第1423条）．これらは，国民に必要な言語としての英語力と，アメリカの社会的，政治的な基礎知識を帰化の要件としたものであり，アメリカ社会に同化するための基礎的な能力と知識を求めたものと捉えることができる．

①読み，書き，話す能力を含む英語の理解（第1423条（a）項）

帰化の申請者は，英語の理解を証明するため，スピーキング（speaking），リーディング（reading）及びライティング（writing）のテストに合格しなければならない．このテストは，英語の通常の用法で言葉を読み，書き，話す能力をみるためのもので，高度な英語力を必要とするものとはされていない．「通常の用法」とは，簡単な語彙と文法によるわかりやすく適切なコミュニケーションを意味し，したがって，例えば，発音，綴り，文法に誤りがあっても，英語の帰化の要件を満たすことができるとされている[70]．

具体的なテスト内容については，移民局のHPで詳しく紹介されている[71]．例えば，リーディングの場合であれば，3つの文章の中の1つを選んで正しく読むことが求められるが，HPで帰化テストのための単語集が示され（参考1-1），かつ，テストの参考書の紹介やネットでできる無料のテスト練習まで用意されており，努力すれば合格できるテストとなっている．

なお，この英語の理解の要件は，申請時に50歳（又は55歳）以上で合法的な永住許可を得た後少なくとも20年間（55歳以上の場合は15年間）合衆国に住んでいた者，一定の障害がある者等については，免除される（第1423条（b）項）．

②合衆国の歴史の基礎及び政府の原則と形態に関する知識と理解

帰化の申請者は，合衆国の歴史の基礎及び政府の原則と形態に関する知識と理解を証明するため，公民テスト（civics test）に合格しなければならない．このテストは口頭で行われ，質問の内容に関しては，申請者の年齢，バックグラウンド，教育レベル，合衆国での居住期間等に基づく「当然の考慮」を行う

(参考 1-1) リーディングテスト用単語[72)]

PEOPLE	CIVIICS	PLACES	HOLIDAYS	QUE-STION WORDS	VERBS	OTHER (FUNC-TION)	OTHER (CON-TENT)
Abraham Lincoln George Washington	American flag Bill of Rights capital citizen city Congress country Father of Our Country government President right Senators state/states White House	America United States U.S.	Presidents' Day Memorial Day Flag Day Independ-ence Day Labor Day Columbus Day Thanksgiving	How What When Where Who Why	can come do/docs elects have/has is/are/was/be lives/lived meet name pay vote want	a for here in of on the to we	colors dollar bill first largest many most north one people second south

とされている[73)].

　帰化テストのための公民問題の内容は，アメリカ政府について 57 問（内訳：アメリカ民主主義の基礎（12 問），政府の仕組み（35 問），権利と責任（10 問）），アメリカの歴史について 30 問（内訳：植民地時代と独立（13 問），1800 年代（7 問），最近のアメリカの歴史その他重要な歴史情報（10 問）），統合された公民論について 13 問（内訳：地理（8 問），シンボル（3 問），休日（2 問））の 3 分野 9 細目，合計 100 問となっている（参考 1-2）．移民局の HP

に100の問いと答えが公開されており，その中から10問が出題される．申請者は，10問のうち少なくとも6問に正答すればよい．問題の内容は，政府の仕組みや民主主義の基礎，建国の歴史に重点が置かれており，問いによって難易度にかなり差があるという印象を受ける．

なお，申請時に65歳以上で合法的な永住許可を得た後少なくとも20年間合衆国に居住している者については，公民テストについて特別な配慮をすると定められており（第1423条（b）項（3）），具体的には，上記100問のうち予め指定された，やさしめの20問に出題範囲が限定されている．

（参考 1-2） 帰化テストのための公民問題（Civics（History and Government) Questions for the Naturalization Test）[74]（抄）

アメリカ政府（AMERICAN GOVERNMENT）

A：アメリカ民主主義の基礎（Principles of American Democracy）（問1～12）

2. What does the Constitution do?（次のすべてが正答．以下同じ）
   ・sets up the government
   ・defines the government
   ・protects basic rights of Americans

B：政府の仕組み（System of Government）（問13～47）

16. Who makes federal laws?
   ・Congress
   ・Senate and House（of Representatives）
   ・(U.S. or national) legislature

27. In what month do we vote for President?
   ・November

42. Under our Constitution, some powers belong to the states. What is one power of the states?
   ・provide schooling and education
   ・provide protection（police）
   ・provide safety（fire departments）
   ・give a driver's license
   ・approve zoning and land use

C：権利と責任（**Rights and Responsibilities**）（問 48〜57）

52.　What do we show loyalty to when we say the Pledge of Allegiance?

　　・the United States

　　・the flag

アメリカの歴史（**AMERICAN HISTORY**）

A：植民地時代と独立（**Colonial Period and Independence**）（問 58〜70）

58.　What is one reason colonists came to America?

　　・freedom

　　・political liberty

　　・religious freedom

　　・economic opportunity

　　・practice their religion

　　・escape persecution

69.　Who is the "Father of Our Country"?

　　・(George) Washington

B：1800 年代（**1800s**）（問 71〜77）

74.　Name one problem that led to the Civil War.

　　・slavery

　　・economic reasons

　　・states' rights

C：最近のアメリカの歴史その他重要な歴史情報（**Recent American History and Other Important Historical Information**）（問 78〜87）

81.　Who did the United States fight in World War II?

　　・Japan, Germany, and Italy

統合された公民論（**INTEGRATED CIVICS**）

A：地理（**Geography**）（問 88〜95）

B：シンボル（**Symbols**）（問 96〜98）

96.　Why does the flag have 13 stripes?

　　・because there were 13 original colonies

　　・because the stripes represent the original colonies

C：休日（**Holidays**）（問 99〜100）

ウ　消極要件—共産主義者等の排除—

アメリカへの帰化が認められない消極要件として，次の①から⑥がかなり詳細に定められている（第1424条（a）項）．いずれも，自由な資本主義社会の守護神を任ずるアメリカを守るための条項だが，①，⑤，⑥は要件がかなり広くなっている．特に，①の「組織化された政府全体への反対（opposition to all organized government）」という要件は，その解釈いかんによってかなり幅広い組織のメンバーを排除できる可能性がある．

①組織化された政府全体への反対を主張・教育する組織のメンバー等

②アメリカ共産党，全体主義政党，共産党政治協会，それらの下部組織又は関連組織のメンバー等

③世界共産主義又は全体主義的独裁主義のドクトリン又はそれらによるアメリカでの政権の確立を，自身の発言を通じて若しくは書面や出版物を通じて主張した者又はこれらを主張する組織のメンバー等

④武力・暴力その他違憲な手段によるアメリカ政府や法律の打倒，アメリカ政府職員等の襲撃・殺害その他の破壊行為等を主張・教育する者又は主張・教育する組織のメンバー等

⑤①，③及び④を主張する内容の文書・印刷物を故意に出版・流通・配布・印刷・展示し，若しくはさせた者又はそれらの目的で故意に所有している者等

⑥⑤の文書・印刷物を執筆，流通，配布，印刷，発行，表示を行い，若しくは行わせ，又はそれらの目的のために文書・印刷物を所有している組織のメンバー等

（2）　帰化の特例

帰化の一般的要件については，次の①から⑥の特例が設けられている．

①アメリカ国民の配偶者等（第1430条（a）項）

アメリカ国民と結婚した者は，その配偶者として帰化を申請できる．この場合の特例としては，**（1）ア**の一般的申請要件のうち②の連続居住要件の期間が，5年間ではなく，帰化申請直前の3年間に短縮される．その反面，その3年間についてアメリカ国民の配偶者と実際に結婚生活を送っていたこと（偽装結婚等の防止），国民たる配偶者がその3年間のすべてにわたって合衆国内に

居住し，かつ，その半分以上の期間合衆国内に物理的に滞在していたことが要件として追加されている．なお，アメリカ国民の配偶者であっても，帰化の前に永住許可を取得することが前提となっている点に注意が必要である．

また，アメリカ国民の配偶者又は子であって，その国民から暴行又は極度の虐待を受けたことにより合法的永住者の地位を取得した者についても，上記と同様の特例が適用される（実際に3年間の結婚生活を送るという要件は除く）．

②アメリカ国民の配偶者がアメリカ政府，アメリカの研究機関・企業等に雇用されている者等（第1430条（b）項）

アメリカ国民と結婚した者であって，その配偶者が，アメリカ政府，一定のアメリカの研究機関，アメリカの企業若しくは一定の国際機関に雇用等される場合又はアメリカ国内の宗教団体の牧師等として，定期的に海外に駐在している場合には，（1）アの一般的要件のうち直前の居住又は物理的滞在を求めるものについて，その証拠を求めないという特例が定められている．ただし，帰化の申請者が，帰化の時点で合衆国に滞在していること，配偶者の海外での雇用が終了した場合には直ちに合衆国内に居住する意向を司法長官の前で宣言することが必要である．

③海外でのメディア活動等を行うアメリカ法人に雇用されている者（第1430条（c）項）

アメリカの海外での利益を促進すると認められる情報の普及を通信メディアを通じて海外で行う非営利のアメリカ法人に，合法的な永住許可を得た後5年以上連続して雇用され，その雇用中又は解雇後6カ月以内に帰化申請を提出した者が，帰化申請時にアメリカに滞在し，雇用終了直後にアメリカ国内に居住する意向を司法長官の前で宣言した場合には，（1）アの一般的要件のうち合衆国内での居住又は物理的滞在について証拠を求めないという特例が定められている．これは，配偶者ではなく，特別な業務に従事した者自身の帰化に関する特例である．

④アメリカ国民が死亡した場合に残された家族等（第1430条（d）項）

アメリカ国民の遺族たる配偶者，子若しくは親，又は，アメリカ国民である配偶者，親若しくは子がアメリカ軍の隊員として軍役期間中に名誉ある死亡をした者，又は，アメリカ国民の死の時点でその者と結婚生活を送っていた配偶

者には，**（1）ア**の一般的要件に関し，合衆国内での居住又は一定期間の物理的滞在を求めないという特例が定められている．

⑤アメリカ軍の隊員の配偶者（第1430条（e）項）

　アメリカ軍の隊員の配偶者であって，その隊員に同行して外国で居住することが認められ，かつ，実際に同行して隊員と結婚生活を送っていた者であって，アメリカでの永住を合法的に認められたものの場合，**（1）ア**の一般的要件の適用について，海外での居住や滞在がアメリカ国内での居住や滞在として取り扱われるという特例が定められている．

⑥宗教上の義務を果たすための一時的な不在（第1428条）

　アメリカ国内に組織を有する宗教上の宗派の牧師，司祭，宣教師，修道士（女）等が，その宗教上の職務を果たすために，一時的に合衆国を不在にする場合について，その者の永住のための入国が合法的に認められ，かつ，帰化申請前に少なくとも1年間連続して合衆国内に滞在し，居住している場合には，**（1）ア**の一般的要件の適用について，アメリカを不在にした期間をアメリカ国内に物理的に滞在し，居住していた期間とみなすことができるという特例が定められている．

（3）　国家の安全保障に貢献した者に関する特別規定

　移民国籍法では，**（2）**の特例の他に，国家の安全保障に特別な貢献をした者について個別的に判断して適用を認める特別な措置を定めている（第1427条（f）項）．アメリカのために活躍した外国の諜報員が最終にアメリカに移住するといった映画などのシーンがあるが，それを法的に裏づけるのがこの規定ということになる．

　具体的には，中央情報局（CIA）長官，司法長官及び入国管理局長は，申請者がアメリカの国家安全保障またはアメリカの情報活動の実施に特別な貢献をしたと判断した場合，**（1）ア**の一般的要件及び**ウ**の消極要件にかかわらず，又，申請者が合衆国内に居住していなくても，帰化させることができる．ただし，申請者が帰化前に少なくとも1年間連続して合衆国に居住していたことが必要である．

（4）　帰化申請の手続

ア　18歳以上であること

　帰化の申請については，申請者本人が18歳以上にならない限り，有効な帰化の申請書を提出することはできないとされ（第1445条（b）項），18歳以上であることが帰化の申請要件とされている．

イ　証明責任

　帰化の申請者は，アメリカに合法的に入国したことをはじめ，連続居住・滞在要件などの帰化の一般的要件，積極要件など帰化の申請に必要な事項に関する証拠を自ら証明する責任を負う（第1429条等）．

（5）　宣誓

　帰化を申請した者は，公開の式典で忠誠の誓い（Oath of Allegiance）を行わなければならず，これによって帰化の手続が完了する．宣誓の内容は，移民国籍法で次のとおり定められている（第1448条）．
①アメリカ合衆国憲法を支持すること．
②申請者が臣民又は市民であった外国の君主，国家等への忠誠と忠実を絶対的かつ完全に放棄し，撤回すること．
③外国及び国内のすべての敵に対して，アメリカの憲法及び法律を支持し，守ること．
④真の誓約と忠誠を同じくすること．
⑤法律で求められたときにアメリカのために戦うこと．ただし，宗教的教育と信念から軍隊での戦闘又は活動に反対することを司法長官が認めた場合には，戦闘に参加する代わりに，軍隊で非戦闘員活動を行うか，又は民間で国にとって重要な仕事を行うことができる．
　また，外国で世襲の称号又は貴族の地位を与えられている場合には，申請者は，忠誠の誓いと同じ公開式典で，その称号又は地位を放棄しなければならない．

6　いくつかの注目すべき点

　移民局では，政策便覧において，帰化の許可に関する具体的な取扱い方針を示しており，その中には，同性婚や代理母に関するものなど注目すべきものが含まれている．

（1）　結婚
ア　外国での結婚の有効性
　5（2）①で述べたように，アメリカ国民と結婚した者は，帰化に必要な連続居住期間が 5 年から 3 年に短縮されるが，ここで「結婚」の定義が問題となる．というのも，結婚については，国や地域によって様々な慣習や形態があるからである．

　このため，政策便覧では，外国で行われた結婚の法的有効性について，祝祭場所ルール（place-of-celebration rule）を採用し，結婚が行われた場所を管轄する法律に基づきその有効性を判断することにしている．ただし，以下に掲げるものは，結婚として認められない[75]．

①一夫多妻婚（Polygamous marriages）

②居住国の重要な公共政策に違反する結婚

③私的な結びつき（civil unions），パートナーシップその他祝祭場所において結婚と認識されない関係

④結婚式に一方の当事者が存在しない関係（代理結婚）

⑤アメリカの移民法を回避する目的で結ばれた関係

イ　同性婚
　同性同士の結婚の有効性に関し，アメリカの最高裁判所は，2013 年 6 月，すべての連邦法について「結婚」という言葉を異性婚に限定した結婚防衛法（Defense of Marriage Act：DOMA）第 3 条（合衆国法典第 7 条）[76]は，憲法第 5 修正で定める適正手続条項に違反するとして違憲と判断した[77]．この事件は，ニューヨークに住む二人の女性が，ニューヨーク州で認められている同性

婚をしたところ，カップルの一人が死亡し，その財産を相続した Windsor 女史が，遺族たる配偶者のための連邦不動産税の控除を申請した．しかし，政府は，同性婚は，結婚を異性間に限っている結婚防衛法第 3 条に違反するとして，これを認めなかった．このため，Windsor 女史が政府を相手に訴訟を提起したというものである．なお，この判決後も，結婚防衛法第 3 条は，そのまま法典に残されている．

　この判決を受け，移民局は，同性婚の有効性を祝祭場所ルールで決定することとし，同性結婚に関するアメリカ国内の法律及び政策は，移民局が結婚を有効と認めるかどうかには影響しないとしている[78]．

ウ　トランスジェンダー婚

　トランスジェンダーの者が関与する場合の結婚についても，移民局は，結婚が行われた州又は地方の管轄区域でその結婚が有効な結婚であると認められた場合には，その有効性を認めるとしている[79]．

（2）　子の定義

ア　一般的定義

　移民国籍法では，子の定義について，独自の定めを置いている．

　まず，子の一般的な定義としては，21 歳未満の未婚の者であって，次の①から③のいずれかに該当するものとしている（第 1101 条（b）項及び（c）項）[80]．

①アメリカ国民の遺伝的な（genetic）若しくは認知された（legitimated）又は養子の（adopted）息子又は娘

　「遺伝的な」子というのは，親と遺伝物質を共有する子を意味し，他の証拠がない場合には，子の出生証明書が親と子の遺伝的関係を判断する証拠とみなされる．

　「認知」とは，「婚姻外で生まれた子を婚姻内で生まれた子と同じ法的地位に置くこと」を意味し，子の認知の有効性は，子の居所や住所に関する法律又は父の住所や居所に関する法律によって決定される．

②管轄の司法権によって子の法的な親として認められているアメリカ国民の非遺伝的な妊娠母（non-genetic gestational mother）の息子又は娘

　ここでいう「非遺伝的な妊娠母」とは，他人の受精卵を自らの子宮で発育させる「代理母（gestational mother）」のことである．移民局では，代理母が子の親となることを認めているので，本章では，より一般的な表現として，「代理母」ではなく「妊娠母」と表現する．

　また，移民国籍法では，「natural parent」という表現を用いており（第1101条（b）項及び（c）項），これは邦語で「実の親」と訳されることが多い．しかし，移民局は，遺伝的な親の他に，非遺伝的な妊娠母も natural parent に含まれると解釈しているため，ここでは，natural parent を「生物的親」と訳すことにする．

③継子

　継子（stepchild）は，市民権の付与や帰化に関しては子に含まれない（第1101条（c）項）が，ビザの申請や発行の関係では子に含まれる（第1101条（b）項）．このように，適用される場面によって子の取扱いを異にしている．

イ　生殖補助医療で生まれた子[81]

i　母と子の非遺伝的，生物的関係

　医学が進歩した現代では，生殖補助医療（Assisted Reproductive Technology：ART）を介して子が生まれることがある．生殖補助医療とは，卵子若しくは精子又はその両方を体外で処理する不妊治療を指し，子宮内授精（IUI）及び体外受精（IVF）が含まれる．これらの技術では，子を妊娠させるために，親は，自分の遺伝物質又は提供された遺伝物質（提供された卵子，精子又はその両方）の組み合わせを使用する．

　生殖補助医療の最も重要な結果は，女性がドナーの卵子を使用することで，遺伝的関係のない子を産めるようになったことである．この場合，母は，子と生物的な関係をもつことはできるが，子との間に遺伝的な関係はない．

ii　移民国籍法上の取扱い

　この問題は，移民局と国務省（DOS）の共管事項であるため，両省が協力してこの問題の対応策を検討した．その結果，子の法的母でもある非遺伝的な妊娠母（子を胎内で育てて出産した者）は，遺伝的な法的母が移民国籍法の下で取り扱われるのと同じ方法で母と認められることになった．子の出生時に管轄の法律の下で妊娠母であり，法的な親と認められた母は，他の要件がすべて

満たされていれば，そのアメリカの市民権を子に承継させることができるのである．

　具体的には，生殖補助医療で生まれた子は，次の①と②の条件をいずれも満たせば，該当する市民権又は帰化の規定に従って，出生時又は出生後に，非遺伝的妊娠母からアメリカの市民権を承継できる．

①子の妊娠母が，子の出生時に，その管轄の法律の下で子の法的な親として認められること．

②その子が，関連する市民権または帰化の条項に基づいて，他のすべての該当する要件を満たしていること．

7　最後に

　これまで，アメリカにおける同化の意味を明らかにした上で，その移民政策の歩みを概観し，帰化制度の詳細を検討してきた．最後に，アメリカの移民政策及び帰化政策の特質をまとめたい．

（1）　アングロ準拠主義の下での多様性

　アメリカ合衆国は，インディアンなどの先住民族は存在したものの，17世紀以降，イギリスだけでなく西欧の様々な国から移住してきた人々が結集して新たに国家を建設した移民の国であるという点に特徴がある．「アメリカ」という名前は，ドイツ人の地図制作者がイタリア人探検家アメリゴ・ヴェスプッチ（Amerigo Vespucci）を称えて大陸につけた名前に由来し，「合衆国」は当時の「オランダ合衆国」から借用した．アメリカを発見したのはスペイン国旗を掲げた3隻の船団だが，その船長はイタリア人で，イングランド人，アイルランド人，ユダヤ人，そして黒人が船員として働いていた[82]．このように，アメリカ合衆国は，建国前から多くの国の多様な民族や人種が混在しており，それは現在まで続いている．

　しかし，このような多様性を社会がそのまま受け入れたわけではない．**1**（2）で述べたように，アメリカ社会では，アングロサクソンのコア・グルー

プである白人でプロテスタントの中産階級の価値観と行動に準拠することが暗黙裡に，場合によっては事実上強制的に求められた．このアングロ準拠主義の中心をなすのが英語であり，アメリカ流に修正されたイギリスの文化様式に従った行動や態度であった．アメリカ社会へのこの文化的同化は，構造的同化によって家族や近隣社会へと広がり，結婚の同化によって世代を超えて受け継がれた．特に，異民族間の生物学的結合（メルティング・ポット）は，それぞれの文化のアメリカ文化への融合を生み出した．さらに，英語やアメリカの歴史，規範的価値，政府の仕組みなどを教え込む公教育システムやマスメディアよって，子の世代の文化的，構造的同化は成功を収めて行く[83]．同時に，このような文化的，構造的同化の進行に比例して，それぞれの民族のコミュニティや文化の保全を求める文化的多元主義が主張されるようになるが，それもアングロ準拠を前提としてのことであった．

（2） 差別的，政治的な移民政策

　憲法を頂点とする法規範体系において同化の要素をどこまで取り入れるかは，社会規範とは別の問題である．アメリカ合衆国では，建国当時は奴隷制を認めて奴隷を国民の定義から排除するという差別政策をとっており，その是非に決着をつけるために南北戦争が起きたという歴史がある．その結果，奴隷制の廃止を主張する北軍が勝利し，憲法については1870年の第15修正までの改正で平等原則に基づく生地主義が実現した（ただし，女性の参政権の実現は，50年後の第19修正をまたなければならなかった）．

　しかし，どのような者をどの程度アメリカに受け入れるか（移民政策），そしてどのような者をアメリカ国民として認めるか（帰化政策）は，時代とともに変遷を重ねた．建国当初の自由な移民受入政策は，18世紀末には見直され始め，受け入れる外国人を選別するようになった．1880年代には，中国人をはじめとするアジアからの移民を排斥し，第一次世界大戦後は，急増した移民を抑制するため，出身国別に受入上限を定める国別割当制度を導入した．

　第二次世界大戦中は多数の亡命者を受け入れ，戦後東西冷戦が始まると，帰化制度は東側に対抗する手段として用いられ，アメリカは，西側の盟主として東側から多くの亡命者を受け入れた．1960年代末に国別割当制度がようやく

廃止され，経済的繁栄の中で移民の受入数は安定的に推移した．しかし，1980年代後半以降，特にアメリカ一強の時代になると移民の数が再び急増し，これに対応するため不法移民対策が強化された．さらに，2001年の9.11テロによって，国をあげたテロ対策が講じられ，外国人の入国が厳しく規制されることになった．このように，アメリカでは，その時代の政治状況に応じた移民政策がとられてきた．

　このような移民政策に関連し，アメリカでは，人種，性別，貧困，さらには政治的見解に基づき，黒人だけでなく，インディアンに代表される先住民，女性，日系アメリカ人を含むアジア系アメリカ人，ラテン系アメリカ人，さらには貧困者といった人々が，国のみならず，州やコミュニティレベルでも，好ましくない人々として規制され，拒絶され，排除されてきた歴史を有しており，移民や国籍に関する法律が，2つの側面で，つまり，外国人を国民として受け入れるかどうかという国境管理の側面と，すでに国内にいるこれらの人々を異質な（foreign）ものとして規制し，排除するという国内問題の側面で，積極的な役割を担ってきたことが指摘されている[84]．

（3）　同化を基本とする帰化政策とその課題

　帰化制度については，入国管理と帰化を分化させたこともあり，アメリカの文化的，社会的，憲法的価値への同化という政策が基本とされてきた．現在では，社会生活における同化の証明として5年以上の国内居住を原則的要件とし，さらに，帰化申請者が英語力，合衆国の歴史，政治，憲法的価値などの帰化テストに合格することを求めている．

　同時に，帰化の消極要件としての共産主義者の徹底した排除と，国家の安全保障に貢献した者への特別措置にみられるように，アメリカの帰化制度は，自由な資本主義社会の守護神としてのアメリカという明確なメッセージを放っている．

　2020年5月，アメリカのミネソタ州で，黒人男性が偽20ドル札使用の疑いで逮捕される際に白人の警察官に膝で首を圧迫されて死亡する事件が起きた．これを契機に，人種差別に抗議するデモが全米，さらには全世界に広がり，コロンブスや南軍のリー将軍など人種差別主義者とみなされた歴史上の人物像の

破壊や撤去も起きている．これらの行動は，黒人やマイノリティに対する法的
な平等は保障されても，社会的差別は厳然と存在する社会のあり方に抗議した
ものであり，これによって，アメリカ社会が，ゴードンのいう受容態度や受容
行動の同化，まして市民的同化からはほど遠い実態にあることが明らかとなっ
た．今回の一連の抗議行動が，警察力行使のあり方など体制の一部見直しに止
まるのか，アングロ準拠主義自体を問い直すことにまで行き着くのか注視した
い．

注

1)　『大辞泉　第2版』（小学館，2013年）．

2)　Gordon, Milton M. *Assimilation in American Life : The Role of Race, Religion, and National Origins,* Oxford University Press USA, 1964.

3)　*Ibid.,* p. 71.

4)　*Ibid.,* p. 81.

5)　*Ibid.,* p. 85.

6)　*Ibid.,* pp. 73-74.

7)　*Ibid.,* p. 85.

8)　*Ibid.,* p. 88.

9)　*Ibid.,* pp. 97-98.

10)　*Ibid.,* pp. 99-100.

11)　邦語の参考文献として，松井茂記『アメリカ憲法入門　第8版』（有斐閣，2018年），松澤幸太郎『近代国家と市民権・市民的権利─米国における市民権・市民的権利の発展─』（信山社，2016年），坂東雄介「国籍の役割と国民の範囲─アメリカ合衆国における市民権の検討を通じて（1）〜（7）─」北大法学論集62巻2号（2011年），4号（2011年），同63巻2号（2012年），6号（2013年），同64巻5号（2014年），同65巻2号（2014年），同65巻6号（2015年）．

12)　Kennedy, John F. *A Nation of Immigrants,* Harper Perennial Modern Classics, 2018.　本書は1964年に出版された同名の書の復刻版である．この復刻版には，1965年から2018年3月までのアメリカにおける移民政策の主な動きも掲載されているので（同書83-95頁），これも参考にした．

13)　*Ibid.,* pp. 3, 8-9.

14)　*Ibid.,* p. 74.

15)　Act to establish an uniform rule of Naturalization of 1790.

16)　Act to establish an uniform rule of Naturalization ; and to repeal the act heretofore passed on that subject of 1795.

17)　Alien and Sedition Act. これは，1798年6月から7月にかけて成立した以下の3つの法律の総称である．

・Act supplementary to and to amend the act, intitled "An act to establish an uniform rule of Naturalization ; and to repeal the act heretofore passed on that subject.
・Act concerning Aliens.
・Act respecting Alien Enemies.
18) Kennedy, *op. cit.*, p. 49.
19) USCIS, Policy Manual, Volume 12-Citizenship and Naturalization, Part A-Citizenship and Naturalization Policies and Procedures, Chapter 1-Purpose and Background. https://www.uscis.gov/policy-manual/volume-12-part-a-chapter-1（2020.3.6 アクセス）
20) Chinese Exclusion Act. 正式名称は Act to execute certain treaty stipulations relating to Chinese.
21) Kennedy, *op. cit.*, pp. 51-53, 78.
22) USCIS, *op. cit.*
23) Kennedy, *op. cit.*, p. 79.
24) Act to regulate the immigration of aliens to, and the residence of aliens in, the United States of 1917.
25) Kennedy, *op. cit.*, pp. 53, 80.
26) *Ibid.*, pp. 79-80.
27) Emergency Immigration Restriction Law 又は Emergency Quota Act. 正式名称は Act to limit the immigration of aliens into the United States.
28) Kennedy, *op. cit.*, pp. 54-55.
29) Wikipedia, "Emergency Quota Act". ラテンアメリカはこの規制の対象外とされていた. https : //en. wikipedia. org/wiki/Emergency_Quota_Act（2020.3.6 アクセス）
30) National Origins Act. 正式名称は Act to limit the immigration of aliens into the United States, and for other purposes.
31) Kennedy, *op. cit.*, pp. 55, 81.
32) Asian Exclusion Act. 正式名称は Act to limit the immigration of aliens into the United States, and for other purposes.
33) Wikipedia, "Immigration Act of 1924". https://en.wikipedia.org/wiki/Immigration_Act_of_1924（2020.3.6 アクセス）
34) Kennedy, *op. cit.*, pp. 55, 81.
35) *Ibid.*, p. 57.
36) *Ibid.*, p. 56.
37) Immigration and Nationality Act. 正式名称は Act to revise the laws relating to immigration, naturalization, and nationality.
38) Kennedy, *op. cit.*, p. 58.
39) Refugee Relief Act. 正式名称は Act for the relief of certain refugees, and orphans, and for other purposes.
40) Kennedy, *op. cit.*, pp. 59-60.
41) *Ibid.*, p. 83.
42) Wikipedia, "Immigration and Nationality Act of 1965". https://en.wikipedia.org/wiki/

Immigration_and_Nationality_Act_of_1965（2020.3.6 アクセス）.

43）Kennedy, *op. cit.,* pp. 86-87.

44）Wikipedia, "Immigration Act of 1990". https://en.wikipedia.org/wiki/Immigration_Act_of_1990（2020.3.6 アクセス）

45）Illegal Immigration Reform and Immigrant Responsibility Act. 正式名称は Act making omnibus consolidated appropriations for the fiscal year ending September 30, 1997, and for other purposes.

46）Kennedy, *op. cit.,* p. 87.

47）USA PATRIOT Act. 正式名称は Act to deter and punish terrorist acts in the United States and around the world, to enhance law enforcement investigatory tools, and for other purposes.

48）Kennedy, *op. cit.,* p. 88.

49）Development, Relief, and Education for Alien Minors Act. 法案の頭文字を取って DREAM Act と呼ばれる.

50）Deferred Action for Childhood Arrivals. 頭文字を取って DACA と呼ばれる.

51）Kennedy, *op. cit.,* p. 90.

52）*Ibid.,* pp. 92-93.

53）The Department of Homeland Security, "Yearbook of Immigration Statistics 2018". https://www.dhs.gov/immigration-statistics/yearbook/2018（2020.3.7 アクセス）.

54）USCIS, Policy Manual. https://www. uscis. gov/policy-manual（2020.3.1 アクセス）.

55）Office of the Law Revision Counsel, United States Code, Glossary of Terms. https://www.uscis.gov/sites/default/files/files/article/chapter8.pdf（2020.2.13 アクセス）.

56）合衆国憲法の邦訳については，松井・前掲注（11）及び初宿正典・辻村みよ子編『新解説世界憲法集　第 4 版』（三省堂，2017 年）を参考にしたが，必ずしもこれらと同じ文言を用いた訳ではない.

57）植民地時代に渡航費と引き替えに一定期間労働に服するという約束でアメリカに渡ってきた移住者（indentured servant）をいう（『ジーニアス英和辞典』（大修館書店，2017 年））．初宿・辻村・前掲注（56）では「年季服役者」の訳語を用いているが，本稿では年季奉公人の訳語を用いた.

58）Congressional Research Service, Library of Congress, *The Constitution of the United States of America-Analysis and Interpretation, Centennial Edition,* U.S. Government Publishing Office, 2017, p. 113.

59）Wikipedia, "Naturalization Act of 1790" https://en.wikipedia.org/wiki/Naturalization_Act_of_1790（2020.3.26 アクセス）

60）Congressional Research Service, Library of Congress, *op. cit.,* p. 386.

61）*Ibid.,* p. 980.

62）Scott v. Sandford, 60 U.S.（19 How.）393（1857）.

63）Congressional Research Service, Library of Congress, *op. cit.,* p. 1825.

64）Act to protect all Persons in the United States in their Civil Rights, and furnish the Means of their Vindication of 1866.

65）Congressional Research Service, Library of Congress, *op. cit.*, pp. 1839-1840.

66）Kennedy, *op. cit.*, pp. 13-14.

67）Electric Code of Federal Regulations §316.5（a）.

68）USCIS, Policy Manual, Volume 12-Citizenship and Naturalization, Part D-General Naturalization Requirements, Chapter 4-Physical Presence. https://www.uscis.gov/policy-manual/volume-12-part-d-chapter-4（2020.3.1 アクセス）.

69）USCIS, Policy Manual, Volume 12-Citizenship and Naturalization, Part F-Good Moral Character. https://www.uscis.gov/policy-manual/volume-12-part-f（2020.4.5 アクセス）.

70）USCIS, Policy Manual, Volume 12-Citizenship and Naturalization, Part E-English and Civics Testing and Exceptions, Chapter 2-English and Civics Testing https://www.uscis.gov/policy-manual/volume-12-part-e-chapter-2#footnote-6（2020.3.1 アクセス）.

71）USCIS, Study Materials for the English Test. https://www.uscis.gov/citizenship/learners/study-test/study-materials-english-test（2020.3.1 アクセス）.

72）USCIS, Study for the Test, Civics Test. https://www.uscis.gov/sites/default/files/USCIS/Office%20of%20Citizenship/Citizenship%20Resource%20Center%20Site/Publications/PDFs/reading_vocab.pdf（2020.3.1 アクセス）.

73）USCIS, Policy Manual, Volume 12-Citizenship and Naturalization, Part E-English and Civics Testing and Exceptions, Chapter 2-English and Civics Testing. https://www.uscis.gov/policy-manual/volume-12-part-e-chapter-2#footnote-6（2020.3.1 アクセス）.

74）USCIS, Study for the Test, Civics Test. 本文中の問いは，100 問の中から 10 問を筆者が適宜抽出した．なお，本章脱稿後の 2020 年 12 月に公民テストが 2020 年版に改訂され，問題数が 128 問に増え，内容も一部変更されている．https://www.uscis.gov/sites/default/files/document/questions-and-answers/100q.pdf（2020.3.1 アクセス）.

75）USCIS, Policy Manual, Volume 12-Citizenship and Naturalization, Part G-Spouses of U.S. Citizens, Chapter 2-Marriage and Marital Union for Naturalization. https://www.uscis.gov/policy-manual/volume-12-part-g-chapter-2#footnote-8（2020.3.1 アクセス）.

76）当該条文は「アメリカ議会の法又は合衆国の様々な行政当局及び機関の決定，規制，解釈の意味を決定する際に，「結婚」という言葉は，夫としての一人の男性と妻としての一人の女性の法的結合のみを意味し，「配偶者」という言葉は，夫又は妻である者の反対の性の者のみを指す」と定めている．

77）United States v. Windsor, 570 U.S. 744（2013）.

78）USCIS, Policy Manual, Volume 12-Citizenship and Naturalization, Part G-Spouses of U.S. Citizens, Chapter 2-Marriage and Marital Union for Naturalization. https://www.uscis.gov/policy-manual/volume-12-part-g-chapter-2#footnote-8

（2020.3.1 アクセス）.

79）*Ibid.*

80）USCIS, Policy Manual, Volume 12-Citizenship and Naturalization, Part H-Children of U.S. Citizens, Chapter 2-Definition of Child and Residence for Citizenship and Naturalization. https://www.uscis.gov/policy-manual/volume-12-part-h-chapter-2#footnote-24 （2020.3.3 アクセス）.

81）*Ibid.*

82）Kennedy, *op. cit.*, pp. 12, 14.

83）Gordon, *op. cit.*, p. 107.

84）Parker, Kunal M. *Making Foreigners : Immigration and Citizenship Law in America, 1600-2000*（*New Histories of American Law*）, Cambridge University Press, 2015.

第2章

フランスの
移民政策と同化主義

1　はじめに

（1）　アメリカ合衆国との違い

アメリカ合衆国は，17 世紀以降，イギリスだけでなく西欧の様々な国からアメリカ大陸に移住してきた人々が新たに国家を建設した「移民の国」である．これに対し，西欧の中央に位置するフランスは，ドイツ，イタリア，スペインなどと陸続きであり，国境を越えた人の往来が古来盛んであった．そういった地政学的条件の下に，まずフランスという国家が存在し，そこに 19 世紀以降多くの移民を受け入れてきたのが「移民受入大国」フランスである．

したがって，フランスにおける移民政策を理解するためには，まず，何を基準にフランス人とそれ以外の者（移民）を区別してきたのかを明らかにする必要がある．つまり，フランス人とは何か[1]を決めるということは，すなわち，フランス人以外の者（移民＝外国人）を決めるということであり，それを理解して初めて，フランスの移民政策を論じることができるのである．

そこで，本章では，まず，アンシャン・レジームからフランス革命を経て共和政が実現するまでの間に「フランス人」の概念がどう変化したのかについて，血統主義か，生地主義かという国籍決定基準を巡る議論を中心に検討する．さらに，19 世紀から 20 世紀における移民の状況を概観した上で，フランスの移民政策がこの間どのように変遷してきたのかを，国籍に関する立法を中心に検討する．その上で，現行のフランスの国籍取得要件を検討し，その基本にある同化主義（assimilationism）がどのような法的根拠に基づき，どのような内容のものとして定められているかを詳述する．これによって，フランスが立法という形式で表明している「フランス人」なるものを知ることができ[2]，さらには，「フランス共和国」なるものの本質が明らかになると思われるからである．

（2）　「同化」と「統合」

フランスでは，同化（assimilation）という言葉の他に，統合（intégration）

という言葉がしばしば用いられるので，まず，その意味を明らかにしておきたい．これについて，外国人問題を検討したフランスの統合高等評議会（Haut Conseil à l' intégration：HCI）[3]が 1991 年に出した報告書[4]は，次のように述べている．

「統合は，同化と組み入れ（insertion）の中間ではなく，特別なプロセスとして考えられなければならない．このプロセスを通じ，文化的，社会的，道徳的な特殊性の存続を受け入れ，そのような多様性や複雑さによって社会全体が豊かになるのが正しいとみなすことによって，多様で異なる構成員の国民社会への積極的な参加を生み出すことが重要である．違いを否定することなく，それらを過度に評価せずに考慮し，権利と義務の平等において，我々の社会で民族的，文化的に異なる構成員を連帯させるため，また，その出自が何であれ，各人に，そのルールを受け入れ，その構成員となる社会で生きる可能性を与えるため，統合政策は，類似性（ressemblances）と収束性（convergences）に焦点を当てる．……評議会は，統合のフランス的な概念は，マイノリティの論理ではなく，平等の論理に従わなければならないと確信する．革命と人権宣言に遡るアイデンティティと平等の原則は，その出自，人種，宗教にかかわらない，法の前の個人の平等の概念に基づいており，マイノリティの制度的承認を除外する」

このように，フランスでいう「統合」とは，フランスに居住する外国人がフランスの国民社会に参加するためのプロセスとされ，外国人の文化的，社会的，道徳的な特殊性を認めつつも，類似性と収束性に焦点を当て，権利と義務の平等を実現することが目標とされている．したがって，アメリカ合衆国でみられるアファーマティブ・アクションのようなマイノリティを優遇するための政策は排除され，マイノリティとマジョリティの平等が基本とされる点に特徴がある．

2　フランスにおける移民政策の展開

（1）　革命前夜からナポレオン法典まで
ア　居住地主義を基本としたアンシャン・レジーム[5]

　フランス革命の前まで，フランスは，ヨーロッパの中で最も人口が多く，イギリスの5倍の住民がいたとされる．このため，18世紀には，植民地を求めてフランスからケベックやルイジアナに移住した人々もいた．しかし，18世紀から19世紀にかけて状況は一変する．その原因は明らかでないものの，フランスの出生率が大きく低下し，他の国々を下回り続けることになったのである[6]．

　さて，アンシャン・レジームの下では，国境はあったものの，人々は自由に国と国の間を往き来していただけでなく，そもそもフランス人というものに関する明確な基準はなかった．ただし，相続問題に関する法的紛争に付随して，フランス人と「よそ者（aubain[7]）」を区別する必要があった．というのも，フランス人の相続人がいないまま「よそ者」が死亡した場合には，国王は，外国人遺産没収権（droit d'aubaine）を行使してその財産を没収することができたからである．16世紀初頭には，この意味でフランス人と認められるためには，フランス王国で生まれたこと（生地主義），フランス人の親から生まれたこと（血統主義）及びフランスに永住していること（居住地主義）という3つの要件が必要とされていた．

　このため，子が「よそ者」とみなされる場合，つまり子が外国で生まれた場合には，その子は，父の財産を相続できなかっただけでなく，国王の臣民とされず，また，公務に就けず，弁護士や大学教員になれないなど職業能力も制限された．もっとも，これらは一部のエリートだけに関係する事柄であり，エリートに関しては個別に帰化を認めるなどこれらの制限を回避するための便法があったといわれている[8]．

　それでも，相続に関しては様々な紛争が生じており，議会が──当時は議会が裁判所の役割を兼ねていた──具体的事案に即してフランス人の範囲を決めてい

た．まず，1515 年 2 月 23 日には，パリ議会の決定で，フランス人の要件から血統主義が除外された．すなわち，親が外国人であっても，子がフランスで生まれた場合には，フランス王国に居住していることを条件に，相続能力，つまりフランス人であることを認めたのである．

また，1576 年 9 月 7 日には，パリ議会は，両親がフランス人であってイギリスで生まれた娘に相続を認めるかどうかという紛争に関し，血統があれば，出生地を問わずに，フランス人の資格を認めるという決定を行った．ただし，両親の死後もフランスに居住することが条件とされ，相続人が国外に去れば先祖伝来のすべての財産が没収されるとした．このように，現在のみならず将来にわたってフランス王国内に居住することをフランス人の要件としたのは，その者が「復帰の意思（l'esprit de retour）」を有していることを確認するためであり，それは王への忠誠の明白な証しとされていた．

このように，アンシャン・レジームの下では，フランスで生まれ，又はフランス人の子として外国で生まれた者であって，現在及び将来にわたってフランスに居住する者はフランス人であるとされ，居住地主義を基本としつつ，生地主義又は血統主義が付加されていたことになる．

イ　革命期におけるフランス人の定義

i　能動的市民たる成年男性と受動的市民たる女性等の区分

1789 年のフランス革命は，1789 年 8 月 26 日の「人及び市民の権利の宣言」（Déclaration des droits de l'homme et du Citoyen）[9]（以下「フランス人権宣言」という）が示すとおり，平等の理念に基づき各種特権を廃止し，個人を権利の中心に据えた．奴隷制は廃止され，プロテスタントは社会に再復帰し，ユダヤ人は平等な権利を得た．フランス人は，法の前に平等になったのである．しかし同時に，多少の資産を有する成年男性であって，選挙権を有し，国家主権を行使する能動的市民（citoyens actifs）と，女性や未成年者，貧困者といった受動的市民（citoyens passifs）という新たな区別が設けられた．フランス革命における「市民」とは，資産を有する成年男性を意味していた[10]．

革命後初めてフランス人の定義を定めた法令である「フランス人とみなされ，及び能動的市民の権利の行使が認められるための条件に関する 1790 年 4 月 10 日のデクレ」[11,12]は，フランス人自体の定義は示していないものの，国外

で生まれた外国人が能動的市民となるための要件を示している．すなわち，「王国の外で外国人の両親から生まれた者は，フランスに居住し，市民としての宣誓をし，王国内に継続して5年以上住所[13]を有し，加えて，不動産を有するか，フランス人女性と結婚するか，商業活動を行うか，又は，原則として国境の県若しくは海辺の都市から市民階級としての信任状を受けていれば，フランス人とみなされ，能動的市民の権利の行使が認められる」と定めた．ここでは，一定の社会活動実績を加味した居住地主義がとられていた．このデクレによって，外国人は，個別の帰化によらなくても，これらの条件を満たせば自動的にフランス人になれたのである．

　このデクレは，立憲君主制をとった1791年憲法[14]に受け継がれ，その後第一共和政を定めた1795年憲法が効力を発するまで効力を有した．この間，フランスに居住し，フランス人女性と結婚した者や軍隊に徴用された者など数千人の外国人が自動的に国籍を取得したとされている．

ii　1791年憲法の定め

(a)　生地主義と居住地主義を基本とするフランス市民の要件

　1791年憲法は，フランス市民（citoyens français）の要件と能動的市民の要件を別に定めていた．前者は，フランスの歴史において初めて全国的に適用されるフランス人の定義を明確に定めたものとされており[15]，具体的には，①父がフランス人であってフランスで生まれた者，②父が外国人であってフランスで生まれ，フランス王国に居所を定めた者及び③父がフランス人であって外国で生まれ，フランスに定住するために帰国し，市民としての宣誓をした者は，フランス市民になると定めていた（同憲法第Ⅱ編第2条）．①は父系血統主義と生地主義，②は生地主義と居住地主義，③は父系血統主義と居住地主義に基づいている．

　また，④両親が外国人であって外国で生まれ，フランスに居住するものは，「継続してフランスに5年間居住し，かつ，不動産を取得するか，フランス人女性と結婚するか，又は農業若しくは商業の活動を行うかしており，かつ，市民としての宣誓をしていれ」ばフランス市民になると定め（同憲法第Ⅱ編第3条），フランスで生まれていなくても，5年間の継続居住と一定の社会活動実績があり，かつ，宣誓をすればフランス市民になるとした．これは，1790年4

月30日のデクレを継受したものであり，居住地主義を基本としている．

(b)　納税等を要件とする能動的市民

　他方，1791年憲法は，能動的市民の要件として「フランス人に生まれ又は
フランス人になったこと，満25歳であること，市又はカントンに住所を有す
ること，少なくとも3日の労働に相当する直接税を支払っていること，召使い
ではないこと，市町村の国民軍に登録していること，市民としての宣誓をした
こと」を定めていた（同憲法第III編第I章第2節第2条）．これは，フランス
市民であることを前提に，能動的市民になるための要件として，25歳以上で
あること（年齢要件），3労働日に相当する直接税の支払（納税要件），国民軍
への登録（国家貢献要件），さらに宣誓要件などを加重して，その範囲をより
限定したのである．

　また，能動的市民（citoyen actif）の「市民（citoyen）」は男性形の名詞で
あることから，女性は能動的市民に含まれないとされていた．

(c)　外国人の名誉市民問題

　この当時，功利主義の始祖として有名なイギリス人のジェレミー・ベンサム
（Jeremy Bentham）やアメリカの初代大統領ジョージ・ワシントン（George
Washington）などフランスに貢献した外国人に対してフランス市民の資格を
付与できないかという意見があった．というのも，1789年のフランス人権宣
言は，1776年のアメリカ独立宣言の影響を受けており，革命後，プロシアや
オーストリアとの戦争に苦しむフランスの国民立法議会議員の間では，彼らの
意見や著書，勇気は人間の理性を豊かなものとし，自由への道を用意したとし
て，彼らをフランス人に帰化させようとする意見が有力になっていたのであ
る．

　しかし，1791年憲法は，フランス国籍取得要件として，フランスに住所を
定め，市民として宣誓することを定めており，それ以外は認めていなかったた
め，いかにフランスに貢献した者であっても，フランスに居住していない以上
国籍取得を認めることはできなかった．そこで，1792年8月26日のデクレに
よって，彼らを名誉市民（citoyenneté d'honneure）にすることにした[16]．

　このように，革命期のフランスでは，国内外の反革命勢力との戦いによって
革命政権が危機的な状況に陥る中で，共和国の基礎を築くために外国の思想家

や立法者を呼び寄せ，その力を借りたのである．

ウ　統治体制の変遷

1793年1月，ルイ16世がギロチンの刑に処され，王政は廃止された．1793年6月に1793年の憲法が制定され，第一共和政が始まる．しかし，1794年7月のテルミドールの反動によって急進派が一掃され，1795年8月には，ブルジョア共和政の確立を狙いとして1795年の憲法が制定された．

だが，これも長くは続かず，1799年11月にナポレオン（Napoléon Bona-parte）がクーデタを起こし，翌月に1799年の憲法が制定された．この憲法は，統領制をとっており，政府は3人の統領に委ねられ，第一統領にはナポレオンが就いた．その後1802年5月に人民投票を行い，ナポレオンが終身の統領に任命され，同年8月にはナポレオンの独裁体制を確立するために1802年の憲法が制定された．2年後の1804年には再び憲法が改正され，皇帝ナポレオン1世による第一帝政が確立する．フランス革命に危機感を抱いた近隣の君主制国家との間で戦争が始まる中で，フランスという国を守るため，輝かしい戦績を誇った軍人ナポレオンを人々が求めたのである．

i　革命後の統治体制の変遷とフランス人の定義

この間，憲法が改正されるたびにフランス人の要件も改正されたが，生地主義を原則とし，外国人については居住地主義を適用するという基本は変わらなかった[17]．

ii　フランス人とフランス市民の区別

1791年憲法では，フランス人の定義と能動的市民の定義は別に定めていたのに対し，1793年，1795年及び1799年の憲法では両者を一体化し，同一の条文で定めていた．なお，1791年憲法は，私法上の権利の主体となる者を「フランス市民」，政治的権利の主体となる者を「能動的市民」と表現しているが，表現を統一するため，以下本章では，前者を「フランス人」，後者を「フランス市民」と表すことにする．

さて，1799年憲法を例にとると，「フランスで生まれ，かつ，居住するすべての人間であって，満21歳であり，市町村の区の市民登録簿に登録し，共和国に1年以上居住する者は，フランス市民である」と定めている（同第2条）．この条文は，フランス市民の定義しか定めていないようにみえるが，当時は，

前段の「フランスに生まれ，かつ，居住するすべての人間（tout homme）」の部分で，フランスに生まれ，居住するすべての男性，女性及び子は生地主義及び居住地主義に基づきフランス人になる旨を定め，後段の「満21歳であり，市町村の区の市民登録簿に登録し，共和国に1年居住する者は，フランス市民（citoyen français）である」の部分では，男性のフランス人のみを対象にフランス市民の要件を定めていると解されていた．なぜなら，「市民（citoyen）」は男性形であり，女性形の「市民（citoyenne）」を含まないからである[18]．

エ　ナポレオン法典と血統主義への転換

1804年3月，ナポレオン法典と呼ばれる民法典が公布された[19]．これによって，アンシャン・レジームから続いた国内法の不統一な状態は解消され，フランス全土に統一的な法律が適用されるとともに，フランス人の定義も血統主義に改められることになった．

i　フランス人の定義は民法典で規定

(a)　民法典と憲法の規定の分離

前述のように，当時は，私法上の権利を享有できるフランス人の資格と，選挙権などの政治的権利を行使するためのフランス市民の資格は別のものとして観念されていたものの，いずれも憲法で定められていた．

ところが，新たに制定された民法典では，第7条で「私権の行使は，市民の資格とは別であり，市民の資格は，憲法の規定のみに従って取得され，保持される」と定めて，私権の主体であるフランス人と政治的権利の主体であるフランス市民の資格は別であることを明記し，また，第8条で「すべてのフランス人は，私権を享有する」と定めて，民法典で規定するフランス人とは私権の享有主体であることを明らかにした．これによって，フランス人とは誰かを規定するのは民法典となり，憲法では，政治的権利の主体であるフランス市民の資格を定めることになった．

(b)　自然死と民事死の分離

このように，民法典は，フランス人の資格と私権の主体を同一のものと観念したことから，ある者が何らかの理由でフランス人の資格を失うと，私権の享有主体性も失うことになる．しかし，その者は自然人としては存在しているので，私権を享有できない自然人という存在が生じることになる．そこで，民法

典では，生物学的な意味での自然死（mort naturelle）のほかに，民事死
（mort civile）という概念を導入した（同第25条）．

これは，死刑判決を受けた者などに課される民事上の制裁であり（同第22
条〜第24条），民事死とみなされた者は，自然人としては存在していても，財
産権の権利主体性を失い，その者に属した財産については相続が開始され，相
続人に帰属することになるだけでなく，身分行為に関しても，新たに婚姻契約
をすることができず，すでになされた婚姻契約は破棄され，私法上の効果を失
うとされた．

外国への帰化（民法典第17条第1号）や，政府の許可を得ない外国からの
公務の受諾はフランス人の資格喪失事由とされており（同第17条第2号），そ
れらによってフランス人の資格を喪失した者は，たとえフランス国内に居住
し，生活していても，私権の享有主体とはなれないことになる．

ii 生地主義か血統主義か

（a） 血統主義のトロンシェ案と生地主義のナポレオン案の対立

1791年憲法では，フランス人の要件として，父系血統主義，生地主義及び
居住地主義を併用していた．他方，1793年憲法以降の憲法では，「フランスに
生まれ，かつ，居住する人間」はフランス人であると定めて，生地主義を基本
とした．ところが，民法典は，「外国でフランス人の父から生まれた子」（これ
は，「フランスでフランス人の父から生まれた子」はフランス人であることを
当然の前提としていた）はフランス人であると定め（同第10条），1793年憲
法以降基本とされてきた生地主義を父系血統主義に改めたのである．ナポレオ
ンはこの案に強く反対したが，76歳の老法律家トロンシェ（François
Tronchet）[20]との議論の果てにトロンシェの案が通り，血統主義が採用される
ことになった．そこで，この間の議論を振り返っておこう[21]．

1801年にコンセイユ・デタ（Conseil d'Etat）[22]に示されたトロンシェの原案
は，「フランス又は外国でフランス人の父から生まれた子はフランス人である」
という父系血統主義に基づくものであった．他方，その当時施行されていた
1799年憲法は，生地主義に基づき「フランスで生まれ，かつ，居住する人間」
はフランス人であると定めていたので，トロンシェ案に従うと，フランスで生
まれた外国人の子は，憲法上はフランス人だが民法典上はフランス人ではない

という矛盾する結果を生じることになった．このため，トロンシェは，フランスで生まれた外国人の子については，フランス人になる意思の届出を条件としてフランス人とすることを提案した．フランス人となる意思を表明するのであれば，国民もその者をフランス人とみなすことができるだろうというのがその理由であった．加えて，もし本人が望まないのに外国人にフランス国籍を与えれば，その外国人の母国が，そこに住むフランス人に対して相続権や財産の所有権を失わせるといった報復をすることをトロンシェは恐れていた．

　これに対し，ナポレオンは，「フランスで生まれた者は，フランス人である」という生地主義に基づく案を主張した．その理由は，外国人の子としてフランスで生まれた者がフランス法上十分な権利をもたないとしたら，現にフランスに住んでいる多くの外国人の子に対し兵役その他の公的な義務を課せなくなってしまうこと，また，フランスに住む外国人が財産をもっているのなら，それはフランス法の支配を受けるべきであること，さらに外国人に財産がなくても，フランスのエスプリや習慣はもっており，自分が生まれたフランスに対する愛着はもっているはずであることにあった．

　ちなみに，この論争では，ナポレオンは徴兵に応じるような低い階層を，トロンシェは裕福な階層を念頭に置いており，両者の議論の前提となっていた社会階層が違っていたことが指摘されている．

(b)　生地主義に反対した立法府

　ナポレオンは，トロンシェの反対を押し切って生地主義に立つ自らの案を推し進めようとした．しかし，法案の賛否を決める護民院では，出生のみで国籍を認める生地主義に対し強い反対意見が出された．その理由は，例えば，フランスと何の関係もないイギリス人の母親がフランスに来て子どもを生むとその子はフランス人になるが，果たしてそれでいいのかということにあり，その子とフランスとの間に何らかのつながりを求めるべきことを主張した．また，封建制からの断絶を図り，国家をフランス人の唯一の源泉としようとする立場からは，たしかにイギリスで生まれた子はイギリス王の臣民になるが，それは封建制の名残りであり，フランスが真似すべきものではない，国家は家族と同じようなものであり，家族がその姓を代々受け継ぐように，国籍も血統によって受け継がれるべきである，という主張がなされた．

　これらの意見を踏まえ，護民院は，1802年1月にナポレオンの案を否決した．これに激怒したナポレオンは，任期が到来した議員を差し替えるという奇策を講じ，自らの案を何とか通過させたが，法案を最終的に決める立法府でも生地主義に対する反対意見が強く，これを削除すべきだとする提案がなされた．結局，トロンシェが数カ月前に提案したように，フランスで生まれた外国人の子は，フランスにおける定住の事実に加え，定住の意思の届出を条件にフランス人の資格を請求できると条文を修正し，法案はようやく議会を通過した．このようにしてトロンシェ案が陽の目をみたのは，ナポレオンに対する革命派の反発が強まっていたという当時の政治状況に加え，保守的な法律家たちの協力があったからだとされている．そして，家族の延長として国家を政治的に位置づけるという血統主義の立場は，フランスのみならず，ヨーロッパにおける近代的な国籍法の始まりとなった[23]．

　こうして，民法典は，フランス人の父から生まれた子はフランス人であるとするローマ法以来の血統主義の伝統に立ち返ることになった．他方，ナポレオンが主張した生地主義については，フランスでの出生に加え，定住の事実と定住の意思が要件とされ，しかも本人からの請求を要件とした（民法典第9条）．その結果，フランスでの出生は，生来の国籍取得事由とは別の，出生と定住を要件とする国籍取得事由として民法典に位置づけられることになった．

（参考2-1）民法典第Ⅰ編　私権の享有及び喪失（1803年3月18日公布）（抄）

第Ⅰ章　私権の享有

第7条　私権の行使は，市民の資格とは別であり，市民の資格は，憲法の規定のみに従って取得され，保持される．

第8条　すべてのフランス人は，私権を享有する．

第9条　フランスで外国人の父から生まれた者は，成年に達した年の翌年に，フランス人の資格を請求することができる．ただし，その者がフランスに住んでいる場合には，そこに住所を定める意思があることを届け出なければならず，外国に住んでいる場合には，フランスに住所を定めることを表明し，その表明行為から1年以内にフランスに住所を定めなければならない．

第10条　外国でフランス人の父から生まれた子は，フランス人である．

（中略）

第 13 条　フランスに住所を定めることについて政府の許可を得た外国人は，フランスに居住する限り，すべての私権を享有する.

（中略）

第Ⅱ章　私権の喪失

第 1 節　フランス人の資格の喪失による私権の喪失（第 17 条〜第 21 条）

第 17 条　フランス人の資格は，以下の場合に失われる.

①　外国への帰化

②　政府の許可なくする，外国政府から与えられた公的職務の受諾

③　生来の差別を強要する外国の同業組合への加入

④　帰国の意思なく外国でなされたあらゆる事業活動. 商業活動は，帰国の意思なくなされたものとみなされてはならない.

（中略）

第 2 節　裁判上の有罪判決による私権の喪失（第 22 条〜第 33 条）

第 22 条　有罪判決を受けた者に対し以下に述べる私権への関与をはく奪する効果を有する罰の有罪判決は，民事上の死をもたらす.

第 23 条　死刑判決は，民事上の死をもたらす.

第 24 条　その他の終身体刑は，法律が特に定めない限り，民事上の死をもたらさない.

第 25 条　民事上の死の判決を受けた者は，その所有に係るすべての財産の所有権を失う. その相続は，その者が遺言を残さず自然死した場合と同じ方法により，その財産が帰属する相続人の利益のために開始される.

（中略）

8　すでになされた婚姻契約は，その私法上の効果に関しては，破棄される.

9　その配偶者及び相続人は，それぞれ彼の自然死がもたらす権利及び行為を行うことができる.

（以下略）

（2）　19 世紀における移民の増大と二重の生地主義の導入

ア　二度の帝政と二度の敗北

皇帝ナポレオン 1 世は，フランス革命に危機感を抱いていた近隣の国々と戦い，1812 年にはスペインからポーランドまでヨーロッパのほとんどを支配す

るに至った. その後, ロシア, プロシアなどとの戦いに敗れてナポレオンは退位し, 1814年5月に王政 (神授君主制) が復活する (第一次王政復古). 1815年3月にはナポレオンがエルバ島を脱出して皇帝に復位するものの, ワーテルローの戦いでイギリスなどに敗れて3カ月で退位し (ナポレオンの百日天下), 同年7月に再び王政が復活する (第二次王政復古).

　第二次王政復古期の最初の10年間は経済的繁栄が続いたが, 1829年から30年にかけて不況が襲い, 人民の不満が高まる中で, 1830年7月に7月革命が起こる. その結果, 立憲君主制がとられ, ルイ・フィリップが王となる (7月王政).

　1846年に経済危機が起き, 翌年には政治スキャンダルが相次いだため, 1848年2月, 民衆が蜂起して2月革命が起こる. 同年11月には1848年憲法が制定され, 君主制は否定されて共和政が始まり (第二共和政), 同年12月にナポレオンの甥のルイ=ナポレオン・ボナパルト (Charles-Louis-Napoléon Bonaparte) が初代大統領に選ばれた.

　しかし, 1851年12月にルイ=ナポレオン自らがクーデタを起こし, 翌年にはナポレオン3世となって帝政を復活させた (第二帝政). ナポレオン3世は, 1854年のクリミア戦争でロシアに勝利し, 1860年にはイタリア領だったニース地方とサヴォア地方をフランスに併合した. さらに1870年7月, プロシアを相手に普仏戦争を始めるが, 同年9月のスダンの戦いで自らが捕虜となり, 第二帝政は崩壊し, アルザス・ロレーヌ地方を割譲することになった. プロシアに二度目の敗北を喫したのである.

　これに反発したパリ市民は, 1871年3月, 革命的自治政府 (パリ・コミューン) を樹立するが, 2カ月余りで制圧される. これを指揮したマクマオン元帥が大統領となり, 第三共和政が成立する. この第三共和政は, ヴィシー政権ができる1940年までの70年間続いた.

イ　19世紀における移民の増加と亡命外国人の出現

i　産業革命と人口移動の増加

　1789年のフランス革命によって封建制から解放され, 人々は自由を獲得し, 政治的混乱も経験した. さらに, 19世紀になると, イギリスで起こった産業革命がヨーロッパ大陸に広まり, 産業革命は, 交通革命と相まって, フランス

でも大規模な人口移動を引き起こした．第一次世界大戦までは，フランスへの
移入は自由であり，近隣国という近接性と入国管理の手続がなかったことが移
民をより容易にした[24]．

　フランス国内でも，人々が仕事を求めて農村から都市に移動するという人口
移動が，第一帝政の終わり頃から緩やかに始まった．こうした人口移動も，当
初は，時折故郷に帰る出稼ぎとして行われ，彼らが都市部に定着するようにな
るには数世代を要した．19世紀末には，産業の進展に対応して人口移動がさ
らに拡大し，外国からの移民も急増した[25]．

ii　職人の移住から労働者移民へ[26]

　19世紀当時，技術のある職人が他の土地に定住することは容易だった．
1830年から1850年頃までの間，パリで最も多かった外国人はドイツ人だっ
た．仕立屋として有名だったほか，家具職人としても働いた．やがて，産業革
命によって職人の仕事が機械化されると，より技能が低く，賃金も安いイタリ
ア人が入ってきた．

　第二帝政期は，フランス資本主義の黄金期でもあった．鉄道網が全国的に整
備され，炭鉱業や製鉄業などの重工業も発展した．セーヌ県知事オスマン
（Georges Eugène Haussmann）によるパリ改造計画が実施され，スエズ運河
の建設が行われた．農民から労働者に転じた外国人が新たな産業を担うために
入ってきた．北部の紡績工場では多くのベルギー人が働き，人口の半分以上が
ベルギー人という町もあった．ベルギー人は，パリの工事現場や北部の国鉄で
も働いた．他方，イタリア人は，南フランスやアルプスの道路工事で働いた．
やがて鉱業や重化学工業が起こり，フランス人とともに多くの外国人が働き，
彼らは国ごとに集団を形成していくが，いずれもプロレタリアであることに変
わりはなかった．

iii　少子化対策としての移民政策

　ヨーロッパ各国が工業化を進める中で，フランスは，経済成長は著しいもの
の，出生率が低いという特徴があった．さらに，革命によって土地所有が容易
になったため，フランス人が自分の土地を離れるのを嫌うようになっていたと
いう事情も加わり，フランスでは，労働力を確保するために移民が必要であっ
た[27]．

1861 年におけるヨーロッパ各国の人口は，ドイツが 3,800 万人，イギリスが 2,900 万人なのに対し，フランスは，ニース地方とサヴォア地方を併合しても 3,700 万人にすぎなかった．さらに，1871 年には，普仏戦争でアルザス・ロレーヌ地方がドイツ領となったため，150 万人を失うことになった[28]．

iv　19 世紀における移民の動向

初めて外国人と帰化人を調査対象に加えた 1851 年の国勢調査によると，フランスの人口 3,500 万人に対し，帰化人は 13,525 人，外国人は 38 万人（すなわち人口の 1%）であり，ベルギー人が最も多く，ドイツ人，イタリア人，スペイン人がこれに続いた．発展と近代化の時代にあって，外国人はフランスにとって必要な存在であった．移民の数は，1870 年の普仏戦争で一時停滞したものの，1881 年には 100 万人に達した．この時期の移民は産業振興のためであり，隣国からの移民が中心であった[29]．

このように移民が増加する中で，他国，特にドイツとの戦争に勝つためには兵士が必要であり，そのためには，兵役の義務を負わない外国人にフランス国籍を取得させ，軍隊に加入させることが課題となっていた．

v　ポーランド大移住と亡命外国人の出現

仕事を求めて来る労働移民とは性質を異にする移民として，政治的理由による亡命がある．亡命者（exilé）[30]がフランスで最初に大きな問題となったのは，1831 年から 40 年間続いたポーランド大移住（Grande Émigration）を契機としてであった．これは，1830 年にロシアの支配に抗してポーランド人が蜂起したところ，逆にポーランドがロシア，プロシア及びオーストリアの 3 国に分割されてしまい，弾圧を恐れたポーランドのエリート層が大挙して当時自由の砦と目されていたフランスに亡命を求めたという事件である[31]．それ以来，自由主義者のドイツ人やスペイン人，イタリアの政治亡命者がフランスに庇護を求めてきたが，フランスは，受入と排除の間で揺れ動いた[32]．

ウ　帰化の制度化と外国人排斥立法の登場

i　帰化制度を定めた 1802 年の元老院決議

民法典公布前の 1802 年 9 月，当時第一統領であったナポレオンは，元老院決議によって帰化制度を定めた．というのも，当時の 1799 年憲法では，外国人については，「21 歳に達し，フランスへの居住の意思を届け出て，引き続き

10 年以上居住したときに，フランス市民になる」（第 3 条）と定めるだけで，帰化に関する規定はなかった．このため，次のような問題があった．まず，フランスにどんなに貢献しても居住期間が 10 年なければフランス人にはなれず，また，居住期間が 10 年以上あっても，それが居住の意思の届出前では認められなかった．他方，これらの要件を満たせば，どんな外国人でもフランス人になることができた．そこで，ナポレオンは，フランス人にふさわしい外国人を帰化しやすくするため，1802 年 9 月 4 日の元老院決議[33]（以下「1802 年元老院決議」という）を制定した[34]．

　この 1802 年元老院決議では，「国家に重要な貢献をし，又は自らがフランスに有用な才能，発明若しくは産業をもたらし，又は大規模な工場を興す」外国人には，1 年間という短期間の定住でフランス市民の権利を許可できるとした．これによって，国に貢献する人材は 1 年間の定住で帰化できるようにすると同時に，政府が誰に帰化を認めるかを決定できるようにしたのである．ちなみに，1803 年の民法典には，フランスで生れた外国人がフランス人になるための規定はあったが（同第 9 条），フランス国外で生れた外国人の帰化に関する規定はなかった．

ii　亡命外国人の国外排除を定めた 1832 年法

　1802 年元老院決議によって，フランス人になろうとする外国人は政府が許可という形でコントロールできるようになったが，帰化せずにフランスに居住し続ける外国人に関しては，政府の許可を得れば私権を享有できるとする民法典の定住許可制度（第 13 条）があるだけで，好ましくない外国人を国外追放等にすることはできなかった．

　そこで，ポーランドからの亡命外国人問題を契機に，外国人を強制的に国外に排除することを目的に，1832 年 4 月 21 日の法律[35]が制定された．この法律は，フランスにおける外国人排斥立法の先駆けとされており[36]，亡命外国人に1 つの町に集まることを命じ，さらに公の秩序又は平穏を妨げる恐れがある場合には，彼らを国外に追放できる権限を政府に与えた．

iii　1849 年法による帰化及び外国人排斥措置の恒久化

　1848 年の 2 月革命によって成立した臨時政府は，革命に参加した外国人の貢献に報いるため，外国人の帰化に関するデクレ[37]を制定し，5 年の居住期間

があり，かつ，その外国人がフランス市民の権利を行使するに値すると公的機
関が証明すれば，司法大臣が帰化を許可できることにした．このデクレによっ
て，3カ月で約2千人の外国人が帰化をし，さらに多くの労働者や農民が帰化
を求めて押しかけたため，同年6月，新たな帰化立法が制定されるまでとし
て，このデクレの執行が停止されることになる[38]．

　さらに，1849年5月，1848年憲法に基づく初の人民議員選挙が行われたが，
共和派が敗退し，保守派が過半数を占めた．保守派の議員は，秩序の回復に力
を注ぎ，帰化についても，臨時政府の方針を見直そうとした．というのも，
1848年に普通選挙が実現していたので，外国人がフランス市民になるという
ことは，大統領や人民議員の選挙に外国人が参加できることを意味したからで
ある．また，この当時，産業を担う労働力が国内では調達できず，企業は国外
から労働者を多く集めるようになっていたため，外国人労働者に仕事を奪われ
たフランス人労働者の外国人嫌い（xénophobie）が強まっていた[39]．

　このような状況に対応するため，1849年12月3日の法律[40]を制定し，10年
間の居住を要件として帰化を厳格化するとともに，国外退去等の外国人排斥措
置を恒久化した．

エ　二重の生地主義の導入と帰化要件の緩和

i　1851年の法律による二重の生地主義の導入

　ルイ＝ナポレオンが大統領であった第二共和政のとき，1851年2月7日の
法律[41]（以下「1851年法」という）が制定された．この法律は，フランスに
住む外国人が増加する中で，公共的役務，特に兵役負担の平等の観点から，二
世代にわたってフランスに居住する外国人の子が兵役を免れないようにするこ
とを目的としていた．このため，二重の生地主義（double jus soli）を採用し，
フランスで外国人の父から生まれた子であって，その父もフランスで生まれた
者は，成年に達してから1年以内に外国人の資格を請求しない限り，フランス
人になると定めたのである[42]．民法典の起草当時，叔父のナポレオンが望んだ
生来の国籍取得事由としての生地主義を，二重という条件づきとはいえ，甥の
ルイ＝ナポレオンが実現したのである．

　しかし，1851年法では，外国人の資格を請求しさえすればフランス人とな
ることを拒否できたので，兵役逃れを十分に防ぐことはできなかった．このた

め，普仏戦争で敗れた後の 1874 年 12 月 16 日の法律[43]で，フランス人になる
のを拒否するためには，外国籍を証明する外国政府の正式の証明書の添付を義
務づけることにした．しかし，それにもかかわらず，フランスの兵役を逃れる
ため外国籍を選択する若者は，1883 年の時点で 7 割を超えていた[44]．

ii　1867 年の法律による帰化要件の緩和

　ナポレオン 3 世による第二帝政下の 1867 年には，帰化要件を緩和して外国
人の帰化を増やすため，帰化に関する 1867 年 6 月 29 日の法律[45]（以下「1867
年法」という）が制定された．具体的には，帰化に必要な居住期間が 10 年か
ら 3 年に短縮され，デクレによって決定するという帰化手続が明確化された．

　この改正によって帰化の人数は増えたものの，民法典第 13 条の定住許可者
はその 3 倍以上も増加した．特に，多くの妻や子が定住許可を得てフランスに
居住するようになった結果，フランスで生れる子どもは増えたものの，兵役を
嫌ってフランス国籍を選ばず，定住許可に甘んじる者が少なくなかった[46]．

オ　1889 年の法律による二重の生地主義の徹底

i　改正の背景

　1873 年から 1896 年にかけてフランスでは不況が続いた．企業は安い労働力
を求め，フランス人を解雇して外国人労働者を雇ったため，フランス人労働者
の外国人嫌いに拍車がかかった．特に，ベルギーと国境を接する北部地方では
外国人が急増し，ベルギーとの国境にある町では人口の 4 分の 3 を外国人が占
め，県庁所在地のリールでも外国人が 4 分の 1 に達した．しかも，これらの外
国人の多くは，フランスで生れ，フランス人になれるにもかかわらず，兵役を
嫌ってフランス人になろうとしなかった．これによって法の平等な適用が形骸
化するだけでなく，外国人が多数を占めることによる弊害も心配された[47]．外
国人の増加は，海外県のアルジェリアでも顕著だった．ここでは，イタリアや
スペイン出身の外国人が増えており，西部の都市オランでは，外国人のほうが
フランス人を上回るまでになっていた．

　他方，国際的には，フランスがチュニジアを保護領化したことに危機感を抱
いたイタリアが 1882 年にオーストリア及びドイツと 3 国同盟[48]を結び，フラ
ンスとドイツの間に再び緊張が高まる中で，同盟国側に属するドイツ人やイタ
リア人の増加は国家の危機につながる恐れもあった．このような状況の下，北

部地方とアルジェリア選出議員の強い働きかけにより民法典が改正されて，二重の生地主義が徹底された[49].

ii　改正の主な内容

　国籍に関する 1889 年 6 月 26 日の法律[50]（以下「1889 年法」という）は，それまで個別に定められていたフランス人の資格の得喪や帰化に関する法令を整理して民法典に取り込むとともに，二重の生地主義を徹底した．

(a)　フランス人の要件

　1889 年法は，フランス人の要件として以下のものを定めた．

①国の内外を問わず，フランス人の父から生まれた子

　これは，フランス人の父の子がフランス国内で生れた場合を法文上明記したものである．

②フランスで外国人の父から生れた子であって，その父もフランスで生まれた者

　これが最も重要な改正とされている．なぜなら，父と子がともにフランスで生れた場合，その子については，フランスでの居住を要件とせず，かつ，他国の国籍選択も認めずにフランス人になることにしたからである（二重の生地主義）．これによって，民法典で定める生来のフランス国籍取得事由に，血統主義だけでなく，生地主義が加わることになった．

　この改正は，兵役負担を逃れようとする外国人に対し，市民としての義務の履行を強制し，義務を逃れる生活を止めさせて，外国人が社会の脅威となることを防ぐ唯一の方法であると考えられた[51].

　この二重の生地主義は，父も子もフランスで生れた場合は，そのエスプリ，性向，習慣，生活態度がフランス人であること，すなわち，その親と子が生まれ，育ち，友情，その他の関係をもっているフランスに対して真の愛着をもっていると仮定できるという考えに基づいている[52]．フランスで生れ，教育を受けるなどフランスとのつながりが強くなればなるほどフランス人であることを否定できなくなり，二世代にわたってフランスで生れた場合には，その子は当然にフランス人に組み入れられるものとされた[53].

　このように，二重の生地主義は，フランスで育ち，フランスの教育を受け，フランスの文化や習慣等を身につけている子はフランス人であるという思想に

立っており，フランスの移民政策における同化主義を自動的な国籍付与という
形で制度化したものである．

③フランスで外国人の父から生まれた子であって，成年に達したときフランス
に住所を有している者

　これは，フランスで生まれ，かつ，成年の時点でフランスに住所を有してい
る者は，出生から成年までの間フランスに居住しているのが通常なので，フラ
ンスと強いつながりで結びついているものとみなし，フランス人とすることに
したものである[54]．移民の子がフランスで生まれ，居住している場合は，この
ケースに該当することになる．ただし，成年に達した翌年に，フランス人の資
格を放棄することができた．

(b)　帰化

　1867 年法では，民法典の定住許可の後 3 年間居住すると帰化できたのに対
し，1889 年法では，定住許可を得る前に 3 年間居住しなければならないこと
にして，民法典で帰化の制度を定めた．これによって，民法典第 13 条の定住
許可は，帰化の事前手続と化すことになった[55]．また，新たな帰化事由とし
て，10 年間中断することなく居住していたことを追加した．

　同時に，帰化した外国人は，帰化から 10 年経たなければ立法議会の被選挙
資格をもたないこととした．これは，フランス人となった外国人の中で，二重
の生地主義に基づき生来のフランス人となった者と，帰化によって国籍を取得
した者とを区別し，後者についてはその政治的権利を制限するものである．こ
の制限は，1983 年 12 月 20 日の法律[56]によって廃止されるまで効力を有する
ことになる．

(c)　定住許可の有期化

　外国人が帰化を申請せず又は帰化の申請が拒否された場合には，定住許可は
5 年で失効することにした．これによって，フランスで外国人の父から生れた
子がフランス人の資格を放棄した場合には，その私権の享有が 5 年間に制限さ
れることになった．

　これは，フランスに居住する外国人が，兵役を逃れるためフランス国籍を取
得せず，定住許可の制度を乱用してフランスでの生活を続けるのを防止するた
めであり，この改正によって，定住許可は，帰化までの間，暫定的に私権を付

与する制度に変質した.

（3）　20世紀における移民問題の動向

ア　第一次世界大戦前後

i　労働力不足を補うための移民受入

　フランス革命から100年後の1889年，エッフェル塔が竣工し，パリで万国博覧会が開催された．20世紀初頭，フランスはベル・エポックと呼ばれる繁栄の時代を迎える．産業振興のためには労働力が必要であり，ベルギー，イタリアを中心に多くの移民を受け入れ，その数は100万人を超えた．

　しかし，1914年7月，サラエボ事件をきっかけに第一次世界大戦が起き，同年8月，ドイツがフランスに宣戦布告する．この戦争には，ヨーロッパのほとんどの国が参戦し，ヨーロッパ大陸を主戦場に各国が総力をあげて戦うことになる．戦場では毒ガスが使われ，軍人，民間人を合わせて1,860万人もの死者が出た[57]．

　戦時中，フランス政府は，国内の労働力不足を補うため，外国から労働者を雇い入れることにしてスペイン，イタリア，ポルトガルとの間で協定を結び，1915年から1918年にかけて44万人の外国人が農業や工業で重労働に従事した．彼らをコントロールするために，1917年4月2日のデクレ[58]によって身分証明書（carte d'identité）が考案され，2週間以上フランスに滞在する者は，入国の条件等が記載された写真つきの身分証明書を所持しなければならないことになった．これにより，身分証明書と労働契約によって外国人労働者をコントロールするという20世紀の移民受入の枠組みが作られた[59]．

　第一次世界大戦で男性の働き手の10%を失ったことに加え，フランス人は工場や鉱業などの重労働を好まなかったことから，フランス国内では恒常的に労働力が不足していた．他方，戦後の経済的困難や社会的混乱のため，多くの国で外国での労働を希望する人が増えた．加えて，アメリカ合衆国が1921年に移民の国別割当制度を導入したため，迫害を逃れ，仕事を求めるヨーロッパ人にとって，フランスは憧れの国となった[60]．

ii　帰化を拡大した1927年国籍法

　このような状況の下で，1927年8月10日の国籍に関する法律[61]（以下

「1927年国籍法」という）が制定された．この法律の特徴は，国籍に関する条文を民法典から削除して新たに国籍法（loi sur la nationalité）を制定したことにある．その理由について，この法律の施行通達[62]では，他国の立法例に倣うこと及びこれまでの判例を踏まえて国籍法と公法との関係をより明確にして国の職員に示すことなどをあげている．

この新たな国籍法の内容は，真に同化可能であり，第二世代で融和する可能性が高い外国生まれの者を国民に組み込むことであり，フランス国籍を取得しやすくするというこれまでの方向を押し進めるものであった．具体的には，まず，「フランス人たる母の嫡出子であって，フランスで生まれた者」はフランス人であると定め，母親の国籍と子の国籍の関係を明確にした．同時に，外国人と結婚したフランス人女性は，原則としてフランス国籍を失わないことにして，その子がフランス人になる道を開いた．また，帰化に必要な居住期間を10年から3年に短縮するとともに，民法典の定住許可の制度を廃止した．

これらの改正によって，外国人の帰化が容易になる反面，虚偽の申請等による帰化が増える恐れもあることから，帰化した外国人の国籍はく奪規定を設けた．また，帰化した外国人の政治的権利の制限を拡大し，立法議会の被選挙資格だけでなく，選挙に基づく職務や職責も，帰化後10年間は担えないことにした．

イ 戦間期から第二次世界大戦まで

i 不況の到来と外国人の締め出し

1929年にアメリカで起きた世界恐慌はフランスにも遅れて波及し，1930年代に入ると失業者が急増した．このため，外国人労働者への反発が強まり，議会では，極右の代議士が「フランスには33万人の失業者がいるが，120万人の外国人がフランスを去れば，失業問題は解決する」と訴えた．左派の労働組合（CGT）と人権同盟も同じ意見であり，国民労働力を保護するための1932年8月10日の法律[63]（以下「1932年法」という）が452対ゼロで議会を通過した[64]．この法律は，公共事業だけでなく，民間企業における外国人労働者の雇用割合も一定率（公役務の場合5%）以下に制限するとともに，労働目的の入国を許可制にした．さらに，1934年7月19日の法律[65]では，帰化した外国人は，10年間は公務に就けず，裁判官や弁護士になることができないとした．

　1932年1月，ドイツは第一次世界大戦の戦後賠償の支払不可能を宣言する．1933年にはヒトラーが政権に就いて再軍備を進め，1938年にはチェコスロバキアのズデーテン地方の領有を求めるなどヨーロッパの政情は急速に不安定化し，フランス国内では外国人に対する警戒心が高まった．このような中，1938年には，不法滞在者に対する規制を強化するためのデクレが相次いで出される．まず，1938年5月2日のデクレ[66]は，2月以上フランスに滞在する外国人に対して身分証明書の保持を義務づけ，また，不法な手段で入国した外国人に対する罰則や国外追放の規定を設け，不法入国を援助する者も処罰の対象に加えた．また，1938年5月14日のデクレ[67]は，フランスとの関係性を踏まえ，外国を第1グループ（ベルギー及びリュクセンブルグ），第2グループ（イギリス，スイス，日本など18カ国），第3グループ（第1，第2グループ以外の国．ドイツ，スペインも含まれる）の3つに分け，身分証明書発行の難易度に差を設けるとともに，フランスで働くためには，労働者用の身分証明書の取得を義務づけた．さらに，1938年11月12日のデクレ[68]は，フランスでの滞在が1年を超えて許可された外国人でなければ，権利の取得，実行，享有ができず，フランス人と結婚もできないとして外国人の権利取得や結婚を制限するとともに，大臣の命令に従わない外国人を施設に拘禁できるようにした．

　1939年1月にはスペインの内戦で敗れた人民戦線の亡命者がピレーネの国境に集まった．フランス政府は当初受入をためらったが，最終的に受入を決定し，数週間の間に50万人のスペイン人がフランスに入国した．1940年にはフランコ総統との間で帰還の交渉が行われたが，20万人のスペイン人はフランスにとどまった[69]．

ii　ドイツの侵攻とヴィシー政権によるユダヤ人迫害

　1939年，ドイツがチェコスロバキア，さらにポーランドに侵攻したため，同年9月，フランスとイギリスはドイツに宣戦布告する．フランス軍はドイツとの国境に防衛戦（マジノ線）を構築する戦略をとったが，1940年5月，ドイツ軍はベルギー国境を突破し，翌月にはパリ，リヨン，ボルドーまで侵攻した．このため，フランスはドイツと休戦協定を結び，フランスの領土はドイツによる占領地区，留保地区及び自由地区に分断された．7月，ペタン（Pétain）元帥を首班とする対独協力政権が自由地区の首都ヴィシー（Vichy）に

樹立されたものの，1942 年 11 月には，フランス全土がドイツ軍によって占領され，自由地区は消滅する．

ヴィシー政権の下では，「最終的解決」の名の下で，ゲシュタポとともにフランス警察によるユダヤ人の一斉検挙やドイツへの引き渡しといった反ユダヤ政策が実施された[70]．

ウ　戦後復興と移民受入の再開—1940 年代半ば〜1970 年代前半—

i　パリの解放と移民の再開

1944 年 6 月，連合軍がノルマンディに上陸し，8 月にはパリが解放され，シャルル・ドゴール（Charles de Gaulle）の臨時政府が発足した．翌年 5 月にドイツが降伏し，第二次世界大戦が終結する．この頃には，移民の数は人口の 5% に当たる 200 万人に減少していた．

戦後は，国の再建のために労働力が不足していた．このため，政府は，外国人の入国及び滞在をコントロールする 1945 年 11 月 2 日のオルドナンス[71,72]を制定した．これによって，外国人を一時滞在外国人，通常在留外国人，特別在留外国人に区分し，それぞれに応じた在留許可証等を定めるとともに，新たに設置した入国管理局（Office National d'Immigration : ONI）で外国人労働者の募集・受入を一元的に行い，よりコントロールされた移民受入を行おうとした．移民の受入は 1945 年に再開し，移民家族の受入も認められた．翌年 10 月，1946 年憲法が制定され，第四共和政が始まる．

1954 年 11 月，フランスの 1 つの県であったアルジェリアの人民が武装蜂起する．当時の政府がその鎮圧に失敗し，政治的混乱を招いたため，1958 年 6 月，ドゴールが首相に復帰した．同年 10 月，大統領の権限を強化した 1958 年憲法が制定され，ドゴールを初代大統領とする第五共和政が始まった．1962 年，8 年間に及んだアルジェリア独立戦争が終結し，同年 4 月，アルジェリアの独立が国民投票で承認された．

この間，栄光の 30 年と呼ばれた経済成長が続く中で移民も大幅に増加し，1974 年には移民の数は 387 万人と人口の 7.4% に達していた．移民の出生国別割合は，イタリア（17%），ポルトガル（17%），スペイン（15%），アルジェリア（14%）の順であった[73]．

ii　1945 年国籍法典

1945 年 10 月，1927 年国籍法以後の法改正の内容を取り込むとともに，国籍法大全を作ることなどを目的として[74]，1945 年 10 月 19 日のオルドナンス[75]によって，国籍法典（以下「1945 年国籍法典」という）が制定された．1927年国籍法は 15 条しかなかったのに対し，1945 年国籍法典は全体で 164 条からなり，条約と国籍法典との関係，さらには国籍訴訟に関する規定なども盛り込まれた．

フランス国籍の取得に関しては，基本的にこれまでの法律を踏襲した内容となっていたが，子が嫡出子かどうか，両親が不明かどうかなど詳細な場合分けを条文で規定した．また，「第Ⅱ編生来の資格でのフランス国籍の付与」と，それ以外の事由による「第Ⅲ編フランス国籍の取得」を編で分け，前者では「第 1 章親子関係を理由とするフランス国籍の付与」で，「フランス人たる父から生まれた嫡出子は，フランス人である」として，1803 年の民法典で定めた父系血統主義に基づく国籍取得事由を定め，「第 2 章フランスでの出生を理由とするフランス国籍の付与」では，「フランスで生まれた嫡出子であって，その父もフランスで生まれたものは，フランス人である」として，1889 年法で導入された二重の生地主義を定めた．さらに，第Ⅲ編に新たに「第 1 章第 3 節フランスでの出生と居住を理由とするフランス国籍の取得」を設け，「フランスで外国人の両親から生まれた者は，成年に達した日にフランスに居所を有し，かつ，16 歳からフランス（中略）に常居所を有していた場合には，フランス国籍を取得する」という条文（第 44 条）を設けた．これは，フランスでの出生に加え，成年に達したときの住所と 16 歳以降の常居所の保有を要件として外国人にフランス国籍の取得を認めるものである．

1803 年の民法典では，フランスでの出生に加え，定住の事実と定住の意思を要件としていたが，1889 年法及び 1927 年国籍法では，フランスでの出生と成年になった時点での居所保有を要件とした．これに対し，1945 年国籍法典では，16 歳以降の常居所保有を付加して居住要件の厳格化を図っている．

また，帰化の要件として，「そのフランス語の状態に応じた十分な知識によってフランス共同体への同化を証明」する必要があることを，法文で明記した（第 69 条）．

iii　1973年1月9日の法律

　オイルショック前の経済繁栄期に作られ，ド・ゴール主義者から共産党まで全会一致で成立した1973年1月9日の法律[76]は，1945年国籍法典を大幅に改正した．改正の理由は，1945年国籍法典の条文が詳細にすぎて解釈が複雑になり，他方，立法者が想定していなかった事態に対応するため細かな法改正を頻繁に行わざるを得なかったことにあった．また，配偶者間の平等及び嫡出子と非嫡出子間の平等を実現した民法典の改正に国籍法の内容を適合させ，さらに，アルジェリアの独立から生じる国籍問題を解決する必要もあった[77]．したがって，フランス国籍の取得に関しては大きな改正は行われず，子が嫡出かどうか，子の親が父か母かによる区別を廃止するといった改正に止まった．

エ　経済成長の鈍化と移民の排除—1970年代半ば〜1990年代前半—

i　オイルショックと移民受入の停止

　1973年10月の第一次石油危機によってフランス経済も打撃を受けるようになる．1974年7月，ジスカール・デスタン（Valéry Giscard d'Estaing）大統領は，フランス人の雇用状況を改善するため，移民受入の停止を決定した．この決定は，当初は一時的なものと考えられていたが，結局1981年まで継続されることになる．ただし，亡命者や高度人材などは除外され，最初は認められなかった移民家族の呼び寄せも，やがて認められた．

　さらに，1977年には，母国に戻る外国人被用者に対して1万フランの手当を支給する，「移民の百万サンチーム」と呼ばれる施策が実施された[78]（ちなみに，1980年には，第3子に対し1万フランの家族手当を支給する「ジスカールの百万サンチーム」と呼ばれる少子化対策が実施されている[79]）．

　この奨励策が十分な効果をあげなかったため，政府は，一転して移民の帰国強制策を講じることにし，1980年1月10日の法律[80]（当時の内務大臣の名前からボネ法（loi Bonnet）と呼ばれた）を制定した．この法律は，強制退去条項を不法滞在外国人などに拡大し，それに従わない者は48時間拘禁できるようにするなど外国人に対する規制を強化するものであった．もっとも，これらの規制にかかわらず，依然として移民を雇い続ける使用者がいたため，かえって不法移民が増える結果にもなった[81]．

ii　社会党政権の誕生と移民政策の転換・再転換

　1981 年 5 月に社会党のミッテラン（François Mitterrand）が大統領に就任する．ミッテラン政権は，当初は移民に対して寛容であり，1981 年 10 月 29 日の法律[82]によってボネ法を改正し，強制退去の対象から不法滞在外国人や未成年者などを除外した．さらに，労働目的の入国を許可制にし，外国人労働者の雇用を規制した 1932 年法を廃止し，不法労働者を正規労働者化するための施策も実施した．

　しかし，社会党政権の経済政策の失敗によって失業率が上昇するにつれ，世論の矛先は移民に向けられるようになり，1983 年の地方議会議員選挙では，移民問題が左派と右派の主要な争点の 1 つになった．このため，社会党の移民担当大臣デュフォァ（Dufoix）は，「フランスにいる移民の適切な統合を確実にするため，新たな移民は禁止する」という方針を打ち出し，これが 1983 年以降の政府の基本方針となる[83]．

　1985 年末から 1986 年にかけてパリで爆弾テロが起きた．同年 3 月の国民議会議員選挙では，極右政党の国民戦線（Front National）が国籍法の改革を優先課題にあげ，生地主義に基づく国籍の取得は廃止し，血統と帰化による国籍付与のみとすべきことを主張した．結局，この選挙では，中道右派が勝利し，社会党のミッテラン大統領の下で共和国連合のシラク（Jacques Chirac）が首相に就任し，第一次コアビタシオン（保革共存）が実現する．同年 9 月には，当時の内務大臣の名前をとってパスクァ法（loi Pasqua）[84]と呼ばれる，テロとの戦いと国家安全保障への攻撃に関する 1986 年 9 月 9 日の法律[85]が成立した．さらに同年 11 月，シラク首相は国籍法改正案を提案したが，学生などの反対にあい撤回する．

　1988 年の国民議会議員選挙で社会党が勝利し，コアビタシオンが解消されたため，国籍法改正問題は棚上げとなった．1989 年 9 月，公立中学校でイスラム教のスカーフをとることを拒んだ生徒が退学処分を受けるという「スカーフ事件」が起きた．同年 12 月には，フランスに居住する外国人の統合問題を検討するため，社会党のロカール（Michel Rocard）首相の諮問機関として統合高等評議会が設置され，同評議会は，1991 年 1 月に最初の報告書を出している．

1993 年の国民議会議員選挙では共和国連合が勝利し，左派の大統領の下で右派のバラデュール（Édouard Balladur）が首相となり，第二次コアビタシオンが実現する．バラデュール首相は，シラク首相のときに検討されていた内容の国籍法改正法案を議会に提出し，これが 1993 年 7 月 22 日の法律[86]（以下「1993 年法」という）として成立した．さらに，翌 8 月には，第二のパスクァ法と呼ばれる 1993 年 8 月 24 日の法律[87]を成立させ，在留許可の厳格化などの対策を講じた．

iii 1993 年法

1993 年法は，まず，国籍法典を廃止し，国籍に関する条文を民法典に再統合した．その理由は，民法典で国籍を規定するというフランス立法の伝統への回帰に加え，民法典で国籍条項を規定することによって，私法上の地位と同じように，国籍が人の個別化の基本であることを明らかにすることにあった[88]．

また，国籍要件に関しては，二重の生地主義は維持するものの，1945 年国籍法典で導入されたフランスでの出生と 16 歳以降の常居所保有でフランス国籍を取得できるとする国籍取得事由については，16 歳から 21 歳までの間に「フランス国籍を取得する意思」を宣言することを要件にした（民法典第 21-7 条）．これは，出生と居住によって自動的に国籍取得を認めるのではなく，本人の国籍選択の意思を介在させるという「選択的国籍」の考え方を導入したものである．当初の案は，統合が見込めない移民の子を国民から排除するため，外国人の親から生まれた子が 16 歳になったら判事の前で国籍の申請をさせることによって，生地主義が自動的に適用されるのを止めようとするものであった．しかし，この案には反対が強かったため，当時のシラク首相が賢人委員会で案を再検討させ，悪しき国籍申請者を排除するのではなく，国民とのつながりを強固なものにすることを目的に，申請者の国籍選択という任意的性格のものにし，かつ，判事の前でなく，市長の前で宣言させることにした[89]．同時に，国家の安全保障に対する罪その他一定の罪で有罪判決を受けた者は，国籍取得権を失うことを法定した（民法典第 21-8 条）．

オ 外国人規制の強化と国籍問題の決着—1990 年代後半—

i テロの発生と外国人規制の強化

1995 年には，7 月にパリの地下鉄の駅で爆弾テロ事件が発生し，8 人が死亡

するなどイスラム過激派によるテロが続いた．このため，1997年2月には，
警察官等が外国人のパスポートの押収や車両の臨検等を行えるようにするなど
の規定を盛り込んだドゥブレ法（Loi Debré）と呼ばれる法案が議会に提案さ
れた．これに反対するキャンペーンが継続的に行われたが，同法案は1997年
4月24日の法律[90]として成立した．しかし，翌5月の国民議会議員選挙では
政権の座にあった右派が敗北し，左派が勝利して，共和国連合のシラク大統領
の下で社会党のジョスパン（Lionel Jospin）が首相となり，第三次コアビタシ
オンが実現する．この選挙では，極右の国民戦線が15%の得票を得ている．
　社会党は，再び政権の座に就いても，移民問題には慎重に取り組んだ．大方
の期待に反してパスクァ法とドゥブレ法を廃止することはせず，シュベヌマン
法（loi Chevènement）と呼ばれる1998年5月11日の法律[91]を制定し，配偶
者や家族，研究者や学生の入国を容易にした．他方，民法典の国籍規定を改正
するため，1998年3月16日の法律[92]（以下「1998年法」という）を制定し
た．
　1990年代は，安定化の10年といわれる[93]．新たな移民は減少し，母国への
帰国者も増え，全体として移民の数は横ばいとなっている．1990年代末には，
移民問題が左右の激しい政治的争点となることも少なくなっていた．

ⅱ　1998年法

　1998年法の主な目的は，フランスで外国人の親から生まれた子が成年に
なったときに完全な権利としてフランス国籍を取得するという原則を再確立す
ることであった[94]．具体的には，民法典第21-7条を「フランスで外国人の両
親から生まれた子は，成年に達した日にフランスに居住しており，11歳から
少なくとも5年間継続的又は非継続的にフランスに常居所を有していた場合に
は，成年に達したときにフランス国籍を取得する」と改めて，フランス国籍を
取得する意思の宣言を要件から除外し，選択的国籍の概念を廃止するととも
に，成年になったときにフランス人の資格を放棄することを認めた．

（4）　移民割合の推移

　ここで，20世紀以降のフランスの人口に占める移民割合の推移（図2.1）を
みてみよう[95]．20世紀の初めには，フランスにおける移民の人数は100万人

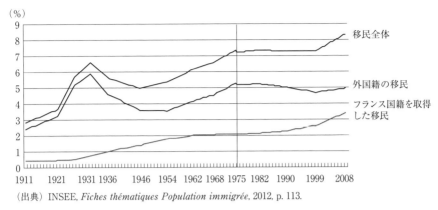

（%）

1911　1921　1931 1936　　1946　1954　1962 1968 1975 1982　1990　1999　2008

（出典）INSEE, *Fiches thématiques Population immigrée*, 2012, p. 113.

図 2.1　フランスの人口に占める移民の割合の推移（単位：%）

を超え，その割合は人口の 3% 弱となった．その後，第一次世界大戦でフランスは 140 万人の若い男性が命を失うか，障害者となった．このため，1920 年代には，労働力の喪失を補うことを目的に大規模な移民の受入が行われ，1931 年には移民の人数は 270 万人と人口の 6.6% に達するまでになった．

　1930 年代の経済危機によって移民の人数は急速に減少し，1932 年法などにより外国人労働者の入国はより困難になった．さらに，第二次大戦中のヴィシー政権下ではユダヤ人を中心に外国人は迫害され，第二次世界大戦終結時には，移民の人数は 200 万人，人口の 5% にまで低下した．

　その後，栄光の 30 年の間は，移民の人数も増え続けるが，1974 年の移民受入停止により移民の割合は横ばいで推移する．やがて，21 世紀を迎える 1999 年から 2008 年にかけ移民の数は毎年平均 2% ずつ増加し，2008 年には移民が人口の 8% を超えるまでになった．

3　フランスにおける移民の現状

（1）　フランスにおける移民の実態

ア　移民の定義

ここで，国立統計経済研究所（INSEE）の資料[96]に基づき，フランスにおける移民の現状を概観する．用語の定義については，統合高等評議会（HCI）が1991 年の報告書[97]で示しており，この資料もその定義を用いている．

それによると，「外国人（étrangers)」とは，フランスに居住する者であって，フランス国籍をもたない者をいう．ちなみに，フランスで外国人の両親から生まれた者は，出生のときは外国人だが，フランスでの一定期間の常居所を条件に，16 歳からフランス国籍を取得できる（民法典第 21-11 条第 1 項）というように，出生のときは外国人であっても，途中でフランス国籍を取得することができる場合もある．

次に，「移民（immigrés)」とは，外国で外国人として生まれて，フランスに居住する者をいう．この移民の定義は，出生場所と出生時の国籍という変更できない 2 つの要素を基準としている．もちろん，移民であっても，後述する帰化（当局の決定によるフランス国籍の取得）などによって，フランス国籍を取得できる場合もある．

イ　移民の 4 割がフランス国籍を取得

前述の定義に従い，2008 年の国勢調査に基づいてフランスにおける外国人と移民の数を表したのが図 2.2 である．それによると，外国人は 372 万人おり，この中には外国で生まれた外国人（étrangers nés à l'étrangers）317 万人と，フランスで生まれた外国人（étrangers nés en France）55 万人が含まれる．他方，移民は全体で 534 万人おり，その内訳は，外国で生まれた外国人（étrangers nés à l'étrangers）317 万人，外国で生まれてフランス国籍を取得した者（français par acquisition nés à l'étrangers）217 万人となっており，移民の 4 割がフランス国籍を取得していることになる．また，「外国で生まれた外国人」は，フランスに居住する外国人であり，かつ，移民ということにな

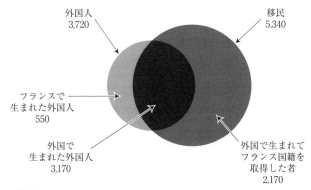

外国人
3,720

移民
5,340

フランスで
生まれた外国人
550

外国で
生まれた外国人
3,170

外国で生まれて
フランス国籍を
取得した者
2,170

（出典）INSEE, *recensement de la population 2008, exploitation principale.*

図 2.2　フランスにおける外国人と移民[98]**（2008 年，単位：千人）**

表 2.1　フランスの出生時の国籍・出生地別人口（2008 年）（単位：千人）

	出生地		計
	フランス	外　国	
全人口	56,850	7,110	63,960（100.0%）
生来のフランス人	55,720	1,770	57,490（89.9%）
国籍取得によるフランス人	580	2,170	2,750（4.3%）
外国人（フランス国籍をもたない）	550	3,170	3,720（5.8%）
	移民	5,340（8.3%）	

（出典）INSEE, *recensement de la population 2008.*

る.

ウ　人口の 8% が移民

　表 2.1 は，フランスの出生時の国籍・出生地別人口を表している．これによ
ると，フランスの全人口 6,396 万人の中には，生来のフランス人（français de
naissance）5,749 万人及び国籍取得によるフランス人（Français par aquisi-
tion）275 万人のほかに，フランス国籍をもたずにフランスに居住している外
国人 372 万人がいることになる．他方，移民は 534 万人で全人口の 8.3% とな
る.

表 2.2　フランスに住む成人で親が外国で外国人として生まれた者（2008 年）

	人数（千人）	割合（%）
子も外国で生まれた者		
移民（外国で外国人として生まれた者）	5,150	10.5
少なくとも親の 1 人は外国で外国人として生まれた，生来のフランス人	460	0.9
子はフランスで生まれた者		
移民の直系の子	4,530	9.2
うち両親ともに移民	2,200	4.5
うち親の 1 人が移民	2,340	4.8
合　計	10,140	20.5

注：1. 成人とは，18 歳以上の者をいう．
　　2. 割合とは，フランスの 18 歳以上人口に対する割合をいう．
（出典）INSEE, *Fiches thématiques Population immigrée*, 2012, p. 97.

　さらに，フランスに住む成人（18 歳以上の者）のうち，少なくとも一人の親が外国で外国人として生まれた者に関するデータがある（表 2.2）．それによると，2008 年の時点で，第二世代である子自身がフランスで生まれた者は 453 万人となっている．すなわち，フランスの 18 歳以上人口の 9.2% が移民第二世代ということになる．

　移民の第二世代は，自らがフランスで生まれた場合には，一定の居住要件を満たせばフランス人となり（民法典第 21-7 条等），また，外国で生まれた場合でも，5 年間フランスに常居所があり，フランス共同体への同化を証明すれば，フランスに帰化できる（民法典第 21-17 条，第 21-24 条等）．このようにしてフランス人となった移民の子孫である第三世代や第四世代を含めると，フランス人のうち，移民を先祖にもつ者の割合ははるかに多くなる．

（2）　移民の出生国別内訳

　次に，1970 年代半ば以降のフランスへの移民の出生国別内訳をみてみよう（表 2.3）．EU 圏内か圏外かをみると，EU 圏内からの移民が一貫して低下傾向にあり，スペイン，イタリア，ポルトガルといった近接性に優れている南欧諸

表 2.3 フランスにおける移民の出生国別内訳

	1975 年 割合 (%)	1982 年 割合 (%)	1990 年 割合 (%)	1999 年 割合 (%)	2008 年	
					割合 (%)	人数 (千人)
EU 圏内	63	53	47	41	34	1,808
スペイン	15	12	9	7	5	257
イタリア	17	14	11	9	6	317
ポルトガル	17	16	14	13	11	581
その他の EU 諸国	14	12	12	12	12	653
EU 圏外	37	47	53	59	66	3,534
アルジェリア	14	15	13	13	13	713
モロッコ	6	9	11	12	12	654
チュニジア	5	5	5	5	4	235
その他のアフリカ	2	5	7	9	13	669
アジア	2	5	8	9	10	518
その他	8	8	9	11	14	745
移民合計 (千人)	3,870	4,087	4,238	4,387	100	5,342

(出典) INSEE, *Fiches thématiques Population immigrée*, 2012, p. 101.

国からの移民の低下がその原因であることがわかる.

　他方, EU 圏外では, アジアやアフリカからの移民が増加傾向にあるものの, 国別で最も多いのは, 2008 年時点ではアルジェリアとなっており, これにモロッコとチュニジアを合わせたマグレブ 3 国が, この 30 年間, 移民の 3 割を占め続けている. これら 3 カ国は, かつてはフランスによる植民地支配の下にあっただけでなく, 特にアルジェリアの場合には, 1954 年から 1962 年まで熾烈な独立戦争を戦い抜き, 膨大な数の犠牲者を出して独立を勝ち取ったという歴史がある. それにもかかわらず, 依然として多くのアルジェリア人がフランスに移民として働きに来ているという現実が, ここから浮かび上がってくる.

4　民法典の国籍規定

　ここで，フランス民法典（参考2-2）で定めているフランスの国籍取得要件
を概観する．フランス国籍の取得事由は，「生来のフランス国籍」（第Ⅱ章）
と，それ以外の事由による「フランス国籍の取得」（第Ⅲ章）に分かれている
が，前者についても，血統主義だけでなく，生地主義が取り入れられている
（二重の生地主義）点に特徴がある．

（1）　生来のフランス国籍

　「生来のフランス国籍」はさらに，第1節「親子関係によるフランス人」と
第2節「フランスでの出生によるフランス人」に分かれている．

ア　親子関係によるフランス人

　ここでは，「両親の少なくとも一人がフランス人である子は，フランス人で
ある」と定めており（第18条），これがほとんどのフランス人に関する国籍決
定の基本となっている．つまり，血統主義が国籍取得の基本である．ただし，
両親のいずれか一人だけがフランス人の場合には，フランスで生まれなかった
子は，成年に達したときにフランス人の資格を放棄することができるとされて
おり（第18-1条），両親ともにフランス人の場合にだけ血統主義が徹底されて
いる．

　ちなみに，国籍取得事由として生地主義も取り入れられていることから，例
えば，外国人がフランスで生んだ子（移民第二世代）は生地主義によってフラ
ンス人となり，その子から生まれた子（移民第三世代）は，血統主義によっ
て，その出生地にかかわらずフランス人となる．このような生地主義と血統主
義の交錯によって，血統としての「フランス人」そのものが希薄化していくこ
とになる．

イ　フランスでの出生によるフランス人

　ここでは，ルイ＝ナポレオンが導入した二重の生地主義が定められている．
すなわち，外国人である両親の少なくとも一人がフランスで生まれた場合に

は，フランスで生まれた子は，フランス人になる（第 19-3 条）．ただし，両親のいずれか一人だけがフランスで生まれた場合には，その子は，成年となる 6 カ月前及び成年に達して以降 12 カ月の間に，フランス人の資格を放棄することができる（第 19-4 条）．言い換えれば，両親ともにフランスで生まれた場合には，フランス人の資格の放棄は認められておらず，生地主義が徹底されていることになる．

（2）　生来以外の事由によるフランス国籍の取得

　生来以外の事由によるフランス国籍の取得（第Ⅲ章第 1 節）は，その取得事由によってさらに 5 つに区分されている．その内容は以下のとおりだが，そのうちの**ウ　フランスでの出生と居住を理由とするフランス国籍の取得**が生地主義の中心的規定となる．

ア　親子関係を理由とするフランス国籍の取得

　これに関する唯一の条文である第 21 条は，「単純養子は，養子の国籍に何らかの効果を当然には及ぼすものではない」とだけ定めている．ここでいう単純養子（adoption simple）とは，相続権を含め，実親との関係も継続する養子であり（民法典第 364 条），養子の年齢にかかわらず行うことができる（同第 360 条）．これに対し，完全養子（adoption plénière）は，養子関係の成立によって実親との関係が切断されてしまうものであり（同第 356 条），15 歳未満の子を対象とする（同第 345 条）などの条件がある．

イ　婚姻を理由とするフランス国籍の取得

　ここでは，「婚姻は，国籍に何らかの効果を当然には及すものではない」（第 21-1 条）と定めた上で，フランス人と婚姻した外国人は，婚姻関係が実質的に中断していなければ，原則として，婚姻から 4 年後に，申請によってフランス国籍を取得できるとされている（第 21-2 条）．ただし，外国人の配偶者は，「フランスの言語に関する十分な知識」を有することを証明しなければならないとして，フランス語への同化が要件とされている（同条第 3 項）．さらに，政府は，言語要件のほかに，素行不良又は同化の欠如（défaut d'assimilation）を理由として，外国人配偶者のフランス国籍取得に異議を申し立てることができる（第 21-4 条）．具体的には，外国人の配偶者の実際の一夫多妻の状況や

14 歳未満の者に対し傷害罪を犯したため下された有罪判決は，同化の欠如を
もたらすとされている（同条第 2 項）．

　前者の「外国人の配偶者の実際の一夫多妻の状況」とは，現在も一部のイス
ラム教国で認められている一夫多妻制（polygamie）を意味している．キリス
ト教を文化的，社会的価値基盤とするフランスでは，1865 年に海外県だった
アルジェリアにおけるイスラム教徒の現地人をフランス人として認めようとし
たとき，一夫多妻の取扱いが問題となった．そこで，フランスの市民権を申請
するためには，イスラム教徒もフランスの私法に従うことを求めたが，それ
は，例えば一夫多妻制や父親が子を結婚させる権利を有するといったフランス
民法典と両立しないイスラム教の慣習に従わせないことを意味した[99]．イスラ
ム教徒がフランスの市民権を享有するためには，事実上イスラム教徒であるこ
とを放棄しなければならなかったのである．それ以降現在まで，一夫多妻制
は，フランス社会への同化欠格事由となっている．

ウ　フランスでの出生と居住を理由とするフランス国籍の取得

　これが，生地主義の中心的規定である．これらの規定で定める要件に該当す
れば，その者は当然にフランス国籍を取得することになり，これに対して政府
は異議を申し立てることができない．

　具体的には，第 21-7 条で「フランスで外国人の両親から生まれた子は，成
年になったときにフランスに居所を有し，かつ，11 歳以降継続的又は非継続
的に少なくとも 5 年間フランスに常居所を有していた場合には，成年になった
ときにフランス国籍を取得する」と定めている．この条文を分解すると，①フ
ランスで外国人の両親から生まれ，② 11 歳以降継続的又は非継続的に少なく
とも 5 年間フランスに常居所を有し，③成年に達したときもフランスに居所を
有していれば，④成年になったときにフランス国籍を取得することになる．

　ここで，②の「常居所（résidence habituelle）」とは，法律上の住所（domi-
cile）を意味するのに対し，③の「居所」（résidence）とは，事実上の所在地
を意味するとされる[100]．また，②で 11 歳以降少なくとも 5 年間フランスに常
居所を有していることを求めているが，これは，フランスにおける義務教育と
しての中等教育期間を念頭に置いたものと思われる[101]．このような生地主義
の採用によって，例えば，両親がフランス国籍をもたない移民であっても，そ

の子が①～③の要件を満たせば，その子はフランス人となる．ただし，外国の国籍を有することを証明すれば，成年となったときにフランス国籍を放棄することができる（第21-8条）

　さらに，フランスで外国人の両親から生まれた未成年の子であって，11歳以降5年間の常居所要件を満たしている場合には16歳から，8歳以降同じ条件を満たしている場合には13歳から，届出によってフランス国籍を取得することができる（第21-11条）．

エ　国籍届出によるフランス国籍の取得

　ここでは，以下の①から④に掲げる者について，届出による国籍の取得を認めている．ただし，法的な要件を満たさない場合には，大臣等が登録を拒否できるほか，検察官が異議を申し立てることもできる．また，③及び④については，素行不良又は同化の欠如を理由として政府が異議を申し立てることができる（第26条～第26-4条）．

①フランス人の単純養子となった子，フランスに引き取られてフランス人に育てられた子など（第21-12条）．

②10年間継続してフランス人の身分占有を享有した者（第21-13条）．

　身分占有（possession d'état）とは，実の親子でなくても，実の親子と同じような事実関係にある者であって，裁判官の公知証書によってそれが証明された者をいう（第311-1条）．フランスでは，出生及び認知（acte de reconnaissance）のほか，身分占有を証明する公知証書（acte de notoriété constatant la possession d'état）が親子関係の発生原因とされている（第310-3条）．

③少なくとも25年間フランスに合法的，恒常的に居住し，フランス国民の直系尊属である65歳以上の者（第21-13-1条）．例えば，移民の子が生地主義によってフランス国籍を取得したにもかかわらず，その親である移民は外国籍のままフランスに居住し続けて高齢になった場合がこれに該当する．

④6歳からフランスに恒常的に居住し，フランスの義務教育を受けた者であって，生地主義に基づきフランス国籍を取得した兄弟姉妹がいるもの（第21-13-2条）．

オ　当局の決定によるフランス国籍の取得

i　帰化要件としての共同体への同化

　当局の決定によるフランス国籍の取得とは，フランス国籍の取得を希望する外国人に対し当局の決定によって国籍を付与するもので，日本の「帰化」に相当する．これは，申請に基づきデクレで帰化を認めることによって国籍取得が生じるもので（第 21-15 条），帰化が認められるためには，原則として，18 歳以上であること（第 21-22 条第 1 項），申請書提出前の 5 年間フランスに常居所があること（第 21-17 条）のほか，「フランス共同体への同化（assimilation à la communauté française）」を証明することが求められる（第 21-24 条）．これがフランスの国籍取得における同化要件である．

ii　居住要件の特則

　このうち 5 年間の常居所要件については，以下の特則が設けられている．

①常居所要件が 2 年間に短縮される者（第 21-18 条）

・2 年間の高等教育を修了してフランスの大学又は高等教育機関の学位を取得した外国人

・その能力や才能によってフランスに対し重要な貢献ができる者

・公民，科学，経済，文化又はスポーツの分野の活動で高く評価され，統合への並外れた道を示す外国人

②フランスでの居住要件が不要とされる者（第 21-19 条）

・フランス軍の部隊で実際に軍務を遂行し，又は，戦時中にフランス軍若しくはその同盟軍と志願兵契約を結んだ外国人

・フランスに対して並外れた貢献をした外国人又はその者の帰化がフランスにとって並外れた利益となる外国人

・難民の地位を得た外国人

iii　特別な国籍取得

　次の者については，フランス国に多大な貢献をしたことなどから，関係大臣の推挙等に基づきデクレによって国籍を授与することができる（第 21-14-1 条，第 21-21 条）．

①フランス軍に従事した外国人であって，任務遂行又は作戦実施中に負傷し，かつ，国籍を申請した者

②①の者が死亡した場合に，死亡した親と同じ常居所を有していた未成年の子
③その卓越した行動によって，フランスの威光と国際的経済関係の繁栄に貢献
した，フランス語を話す外国人

(参考 2-2)　フランス民法典（2020 年 12 月現在）

第Ⅰ編　私権（第 7 条～第 15 条）

第 7 条　私権の行使は，政治的権利の行使とは別であり，政治的権利は，憲法的法
　律及び選挙法に従って取得され，保持される．

第 8 条　すべてのフランス人は，私権を享有する．

（中略）

第Ⅰ編の 2　フランス国籍

第Ⅱ章　生来のフランス国籍

第 1 節　親子関係によるフランス人（第 18 条～第 18-1 条）

第 18 条　両親の少なくとも一人がフランス人である子は，フランス人である．

第 18-1 条　前条の規定にかかわらず，両親のいずれか一人だけがフランス人の場合
　には，フランスで生まれなかった子は，成年となる 6 カ月前及び成年に達して以
　降 12 カ月の間に，フランス人の資格を放棄する権利を有する．

　　この権利は，外国人又は無国籍の親が，子が未成年の間にフランス国籍を取得し
　た場合には，失われる．

第 2 節　フランスでの出生によるフランス人（第 19 条～第 19-4 条）

（中略）

第 19-3 条　両親の少なくとも一人がフランスで生まれた場合には，フランスで生ま
　れた子は，フランス人である．

第 19-4 条　前条の規定にかかわらず，両親のいずれか一人だけがフランスで生まれ
　た場合には，第 19-3 条によってフランス人となった子は，成年となる 6 カ月前及
　び成年に達して以降 12 カ月の間に，フランス人の資格を放棄する権利を有する．

　　その権利は，子が未成年の間に両親のいずれか一人がフランス国籍を取得した場
　合には，消滅する．

（中略）

第Ⅲ章　フランス国籍の取得

第 1 節　フランス国籍の取得方法

第 1 款　親子関係を理由とするフランス国籍の取得（第 21 条）

第 21 条　単純養子は，養子の国籍に何らかの効果を当然には及ぼすものではない．

第 2 款　婚姻を理由とするフランス国籍の取得（第 21-1 条～第 21-6 条）

第 21-1 条　婚姻は，国籍に何らかの効果を当然には及ぼすものでない．

第 21-2 条　フランス国籍の配偶者と婚姻契約を締結した外国人又は無国籍者は，申請の日において感情的，物質的な生活共同体が配偶者間で婚姻以来中断しておらず，かつ，フランス人の配偶者がその国籍を保持していれば，その婚姻から 4 年間の後に，申請によってフランス国籍を取得できる．

（中略）

3　外国人の配偶者は，また，その水準及び評価方法がコンセイユ・デタのデクレで定められるフランスの言語に関する，その条件に応じた，十分な知識を証明しなければならない．

第 21-3 条　第 21-4 条及び第 26-3 条に規定する場合を除き，その者は，その申請が受理された日からフランス国籍を取得する．

第 21-4 条　政府は，第 26 条第 2 項で規定する受領証の日，又は，登録が拒否された場合には申請の適法性を認めた裁判所の決定が既判事項について効力を生じた日から 2 年以内に，コンセイユ・デタのデクレによって，言語のほか，素行不良又は同化の欠如を理由として，外国人の配偶者のフランス国籍取得に異議を申し立てることができる．

2　外国人の配偶者の実際の一夫多妻の状況，又は，14 歳未満の者に対し刑法典第 222-9 条で定める罪（傷害罪）を犯したとして下された有罪判決は，同化の欠如をもたらす．

3　政府が異議を申し立てた場合には，その者は，フランス国籍を取得しなかったものとみなされる．

4　前項の規定にかかわらず，国籍取得の申請と異議のデクレとの間になされた行為の効力は，当該行為者がフランス国籍を取得しなかったことを理由に否定されない．

（中略）

第 3 款　フランスでの出生と居住を理由とするフランス国籍の取得（第 21-7 条～第 21-11 条）

第 21-7 条　フランスで外国人の両親から生まれた子は，成年になったときにフランスに居所を有し，かつ，11 歳以降継続的又は非継続的に少なくとも 5 年間フランスに常居所を有していた場合には，成年になったときにフランス国籍を取得する．

2 小審裁判所，地方自治体，公的機関及びサービス並びに特に教育機関は，一般市
民，特に第1項が適用される者に，国籍に関して有効な規定を知らせる義務があ
る．この周知の条件は，コンセイユ・デタのデクレによって定められる．

第21-8条 当事者は，第26条以下で定める条件に従い，かつ，その者が外国の国
籍を有することを証明することを条件として，成年となる6カ月前及び成年に達
して以降12カ月の間に，フランス人の資格を放棄することを届け出ることができ
る．

2 資格の放棄を届け出た場合には，その者は，フランス人ではなかったものとみな
される．

（中略）

第21-11条 フランスで外国人の両親から生まれた未成年の子は，申請のときにフ
ランスに居所を有し，かつ，11歳以降継続的若しくは非継続的に少なくとも5年
間フランスに常居所を有していた場合には，第26条以下で定める条件に従い，16
歳から，届出によるフランス国籍を申請することができる．

2 フランスにおける常居所の条件が8歳からそのときまでに満たされていれば，フ
ランスで外国人の両親から生まれた未成年の子の名において，13歳から，同じ条
件で，フランス国籍は申請されることができる．第17-3条第3項に規定されてい
る方式に従って証明される精神的又は身体的能力の低下によって意思を表明する
ことが妨げられている場合を除き，未成年者の同意が必要である．

第4款 国籍届出によるフランス国籍の取得（第21-12条～第21-14条）

第21-12条 フランス国籍の者による単純養子縁組の対象となった子は，申請のと
きにフランスに居住していれば，成年になるまでに，第26条以下で定める条件に
従い，フランス人の資格を申請することを届け出ることができる．

（中略）

3 次の者は，同じ条件に従い，フランス国籍を申請できる．

① フランスに引き取られ，フランス国籍の者に育てられるか又は児童福祉サービ
スに預けられた子．

② フランスに引き取られ，公的組織又はコンセイユ・デタのデクレによって定め
られた資格を有する私的組織によって，少なくとも5年間フランスの教育を受け
ることができる条件の下で育てられた子．

第21-13条 届出に先立つ10年間，継続してフランス人の身分占有を享有した者
は，第26条以下の規定に従い，届出によるフランス国籍を申請することができ

る.

（中略）

第 21-13-1 条　少なくとも 25 年間フランスに合法的かつ恒常的に居住し，かつ，フランス国民の直系尊属である 65 歳以上の者は，第 26 条から第 26-5 条の規定に従って，届出によるフランス国籍を申請することができる.

2　本条第 1 項で定めた条件は，同項で定めた申請の署名の日を基準に評価される.

3　政府は，本条の規定を利用した届出人によるフランス国籍の取得に対し，第 21-4 条で定める条件に従い，異議を申し立てることができる.

第 21-13-2 条　6 歳からフランスの領土に恒常的に居住している者であって，国家の監督下にある教育施設でフランスの義務教育を受けた者は，第 21-7 条又は第 21-11 条の適用によってフランス国籍を取得した兄弟又は姉妹がいるときは，第 26 条から第 26-5 条の適用によって当局で受理される届出によって，成年になったときにフランス国籍を申請することができる.

2　第 21-4 条は，本条第 1 項の適用によって受理された届出に適用される.

（中略）

第 5 款　当局の決定によるフランス国籍の取得（第 21-14-1 条〜第 21-25-1 条）

第 21-14-1 条　フランス国籍は，フランス軍に従事した外国人であって，任務遂行又は作戦実施中に負傷し，かつ，国籍を申請した者に対し，国防大臣の推挙に基づきデクレによって授与される.

2　第 1 項に規定するのと同じ条件で当事者が死亡した場合には，その死亡の日に第 22-1 条で定める居住条件を満たす未成年の子は，同じ手続をとることができる.

第 21-15 条　第 21-14-1 条で定める場合のほか，当局の決定によるフランス国籍の取得は，外国人の申請に対してデクレで認められた帰化によって生じる.

第 21-16 条　何人も，帰化のデクレへの署名の際にフランスに居所を有していなければ，帰化することができない.

第 21-17 条　第 21-18 条，第 21-19 条及び第 21-20 条で定める例外を除き，帰化は，申請書を提出する前の 5 年間フランスに常居所があることを証明した外国人だけに認められる.

第 21-18 条　次の者については，第 21-17 条で定める居住期間は，2 年に短縮される.

①　フランスの大学又は高等教育機関から授与される学位を取得するため 2 年間の高等教育を修了した外国人

② 　その能力や才能によってフランスに対し重要な貢献をしたか，又はできる者

③ 　公民，科学，経済，文化又はスポーツの分野において行われた活動又は達成された行動に関して高く評価され，統合への並外れた道を示す外国人.

第 21-19 条　次の者は，居住要件なしで帰化できる.

①～③　削除

④ 　フランス軍の部隊で実際に軍務を遂行し，又は，戦時中にフランス軍若しくはその同盟軍と志願兵契約を結んだ外国人

⑤ 　削除

⑥ 　フランスに対して並外れた貢献をした外国人又はその者の帰化がフランスにとって並外れた利益となる外国人. この場合，帰化を認めるデクレは，担当大臣から提出された報告を踏まえたコンセイユ・デタの意見に基づいてのみ認められる.

⑦ 　フランス難民・無国籍者保護局の創設に関する 1952 年 7 月 25 日の法律第 52-893 号によって難民の地位を得た外国人

（中略）

第 21-21 条　現に帰化を申請し，かつ，その卓越した行動によって，フランスの威光と国際的経済関係の繁栄に貢献した，フランス語を話す外国人に対し，外務大臣の提案に基づく帰化により，フランス国籍を与えることができる.

第 21-22 条　何人も，18 歳に達しないと帰化できない.

（中略）

第 21-23 条　何人も，素行不良であるか，又は本法典第 21-27 条の有罪判決の対象となった場合には，帰化できない.

（中略）

第 21-24 条　何人も，その水準及び評価方法がコンセイユ・デタのデクレで定められるフランスの言語，歴史，文化及び社会並びにフランス国籍及び共和国の基本的な原則と価値への同意によって与えられる権利と義務に関する，その条件に応じた，十分な知識によって，フランス共同体への同化を証明しない限り，帰化できない.

2　同化の審査の終わりに，申請者は，フランス市民の権利と義務に関する憲章に署名する. コンセイユ・デタのデクレによって承認されたこの憲章では，フランス共和国の基本的な原則，価値及びシンボルを明記する.

第 21-24-1 条　フランス語の知識に関する条件は，政治的難民，少なくとも 15 年前

からフランスに合法的かつ恒常的に居住している無国籍者及び70歳以上の者には適用されない.

（中略）

第2節 フランス国籍取得の効果（第22条〜第22-3条）

第22条 フランス国籍を取得した者は，その取得の日から，すべての権利を享有し，フランス人の資格に伴うすべての義務を負う.

（中略）

第Ⅳ章 フランス国籍の喪失，はく奪及び回復

第1節 国籍の喪失（第23条〜第23-9条）

第23条 恒常的に外国に居住するフランス国籍の成年であって，その意思で外国の国籍を取得した者は，本編第26条以下で定める条件の下で，明示的にそれを届け出ない限り，フランス国籍を失わない.

（中略）

第3節 フランス国籍の失権（第25条〜第25-1条）

第25条 以下の場合には，フランス人の資格を取得した者は，はく奪によってその者が無国籍になる場合を除き，コンセイユ・デタの公式の意見に基づくデクレによって，フランス国籍をはく奪されることがある.

① その者が，国家の基本的利益の侵害となる重罪若しくは軽罪の性質をもつ行為によって又はテロ行為となる重罪若しくは軽罪によって有罪判決を受けた場合

② その者が，刑法典第Ⅳ巻第Ⅲ編第Ⅱ章（公務を執行する者による公務に対する侵害）で規定され処罰される重罪若しくは軽罪の性質をもつ行為によって有罪判決を受けた場合

③ その者が，国民兵役法典によって課された義務を免れたことによって有罪判決を受けた場合

④ その者が，外国の利益のために，フランス人の資格と相容れず，かつ，フランスの利益を害する行為をした場合

（以下略）

5　同化要件の具体的内容

（1）　民法典第21-24条の内容

　同化主義を国籍取得要件として具体化した民法典第21-24条は，「何人も，その水準及び評価方法がコンセイユ・デタのデクレで定められるフランスの言語，歴史，文化及び社会並びにフランス国籍及び共和国の基本的な原則と価値への同意によって与えられる権利と義務に関する，その条件に応じた，十分な知識によって，フランス共同体への同化を証明しない限り，帰化できない」と定めている．ここでの中心概念は「フランス共同体への同化」であり，フランス共同体に同化したとみなされるためには，次の①から③について，「その条件に応じた……十分な知識」を有することが必要になる．

①「水準及び評価方法がコンセイユ・デタのデクレで定められるフランスの言語」

②「水準及び評価方法がコンセイユ・デタのデクレで定められるフランスの歴史，文化及び社会」

③「フランス国籍及び共和国の基本的な原則と価値への同意によって与えられる権利と義務」

　これを受け，「国籍の申請，フランス国籍の帰化，回復，喪失，はく奪及び取消しに関する1993年12月30日のデクレ[102]」第37条で，上記①と②に関する具体的な水準及び評価方法が定められている．

（2）　フランス語の能力と水準

　まず，（1）①のフランス語については，前記デクレ第37条第1号において，「言語のための欧州共通基準大綱（CECRL）」の《聞く》《会話に参加する》及び《連続して口頭で表現する》がB1の水準であることが定められている．ここで注目すべきは，日本の語学教育で重視されている《読む》，《書く》能力が評価項目に含まれていないという点である．

　このB1の水準については，このデクレを受けた2011年11月30日付け内

表2.4 言語のための欧州共通基準大綱（CECRL）の能力レベル

初級者	A1	口語的で日常的な表現並びに具体的な必要を満たす極めて簡単な話を理解できる．自己紹介や他人の紹介，それらに関する質問―例えば，居住地や他人との関係，自分の物など―を理解でき，同様の質問にも答えられる．話し相手が，ゆっくりと明瞭に話し，協力的な態度を示せば，簡単なコミュニケーションができる．
	A2	文脈から離れた言葉並びに優先度の高い目の前の分野でしばしば使われる表現（例，自分及び家族の簡単な情報，買い物，近所の環境，仕事）を理解でき，単純で直接的な情報交換しか要求しない簡単で慣れた仕事の際に，日常的で身近な主題についてコミュニケーションができる．その職業や身近な環境について簡単な方法で説明でき，かつ，目の前のテーマについて言及できる．
自分で話せる者	B1	標準的で明確な言葉が使われ，仕事や学校，趣味などの身近なことに関するときは，基本的なことを理解できる．対象とする言葉が話される地域に旅行した際に生じる大体の事柄に対処できる．身近なテーマや関心のあるテーマについて，簡単で一貫性のある議論ができる．出来事や経験，夢について話し，希望や目的を説明し，計画やアイデアについてその理由や説明を簡潔に述べることができる．
	B2	専門分野における技術的な議論を含む複雑な文献ついて，具体的又は抽象的テーマの本質的な内容を理解できる．生来の言語とする相手と，お互いに緊張せずに，自然にゆとりをもってコミュニケーションができる．ある範疇のテーマについて明確で詳細に説明でき，ニュースのテーマについて意見がいえ，いくつかの可能性に関しそのメリットとデメリットを説明できる．
熟練者	C1	ある範疇の長く難解なテキストを理解でき，言外の意味も把握できる．それほど言葉の意味を考えることなく，自然かつ流ちょうに説明できる．社会生活や職業，学問上の分野において，効果的かつ柔軟にその言葉を利用できる．複雑なテーマについて，明確に論理立てて説明でき，計画や構成，議論の一貫性をコントロールして意見表明できる．
	C2	読み又は聞いたことのすべてを特段の努力なく理解できる．書かれたり聞いたりした様々な情報源による事実又は議論を矛盾なく再現できる．複雑なテーマについて，自然で流ちょうかつ詳細に説明でき，意味の微妙なニュアンスの違いを説明できる．

務・海外県・地方自治体及び移民担当大臣通達[103]において，表2.4 の形で具体的に示されている．これによると，言語のための欧州共通基準大綱（CECRL）の能力レベルは，初級者（utilisateur élémentaire）（A1，A2），自分で話せる者（utilisateur indépendant）（B1，B2）及び熟練者（utilisateur expérimenté）（C1，C2）の３ランク６段階に分かれており，フランスへの同化要件

として求められるのは，このうちの B1 の水準とされている．これは，日常生活に必要な会話ができる水準（A）よりも上だが，専門分野について複雑な会話ができる水準（B2）よりも下であり，「身近なテーマについて簡単で一貫した話をする能力」を意味している．

　このフランス語の能力に関しては，上記水準と同等かそれ以上の水準であることを証明する免状（diplôme）を提出することによって証明するのが基本だが，このような免状をもたない者は，大臣告示で定められたリストに記載されている語学試験を受験し，合格者に交付される証明書の提出をもってそれに代えることができる．

　なお，フランス語に関する要件は，政治的難民，15 年前からフランスに合法的・恒常的に居住している無国籍者及び 70 歳以上の者には適用されない（民法典第 21-24-1 条）．

（3）　歴史，文化及び社会の知識
ア　デクレの内容

（1）②の歴史，文化及び社会の知識については，前記デクレ第 37 条第 2 号において，帰化申請者に求められるフランス社会の歴史，文化及び社会の知識の基本的な要素及びその水準として，次の事項が定められている．

①フランスの歴史の重要な出来事：申請者は，社会生活でかかわってくる基本的な出来事や人物を理解し，位置づけることができる歴史的構造について基礎的知識をもっていること．

②共和国の原則，シンボル及び制度：申請者は，社会における生活のルール，特に，法律，基本的自由，男女平等を中心とした平等及び政教分離の尊重並びに国家的，国土防衛的水準に関するフランスの政治的，行政的組織の基本原理に関することを知っていること．

③フランス市民権の行使：申請者は，国籍を取得した場合に課せられるであろう，フランス市民憲章で述べられている基本的な権利と義務を知っていること．

④ヨーロッパ及び世界におけるフランスの位置：申請者は，世界の中でフランスが占める地位の特徴及び EU の基本原則の基礎的知識を有すること．

イ　「市民の手引き」

さらに，このデクレでは，アで述べた知識の分野と水準の内容を帰化担当大臣が「市民の手引き（livret du citoyen）」として示すことを定めており，それを求めるすべての市民に配布し，ネットで入手できるようにするとしている．実際，「市民の手引き」はネットで容易に入手できる[104]．それは，全体で25頁の小冊子であり，フランス共和国の価値及び原則，政治組織，行政組織，歴史，歴史上の人物，地理などがわかりやすくまとめられている．

（4）　フランス市民の権利と義務—フランス市民憲章—

（1）③の「フランス国籍及び共和国の基本的な原則と価値への同意によって与えられる権利と義務」については，「民法典第21-24条で定めるフランス市民の権利と義務の憲章を承認した2012年1月30日のデクレ[105]」において，「フランス市民の権利と義務の憲章（以下「市民憲章」ということがある）」としてその内容が定められている．

さらに，2012年10月16日付け内務大臣通達[106]で，市民憲章の署名の方式や効果が定められている．それによると，市民憲章は，帰化又は国籍の回復という当局の決定によるフランス国籍取得の場合にのみ適用されるものであり，これらの事由によってフランス国籍を申請した者は，市民憲章を理解し，同意することを証明するため，市民憲章に署名しなければならず，これを拒んだ場合には，フランス共同体への同化を欠くとして，帰化の申請の不受理を宣言されることになる．

前記通達では，市民憲章について，統合高等評議会（HCI）によって作成された前文も併せて示しているので，以下，その前文を含めた市民憲章（参考2-3）を掲載する．市民憲章は，「フランス共和国」及び「フランス人」であることに関するフランス国の公式見解である．日本人になじみの深いフランスではあるが，ここに書かれている事柄，特に「貢献」の内容からは，日本人が一般的に抱いているイメージとはやや異なるフランスの姿がみえてくる．

(参考 2-3) フランス市民の権利と義務の憲章 (フランス市民憲章)
前　文
　あなたは，フランス人になることを望んでいる．それは，重要で熟慮を重ねた決定である．フランス人になるということは，単なる行政手続きではない．フランス国籍を取得するということは，あなただけでなく，あなたを超えて，あなたの子孫も拘束する決定である．

　あなたを迎え入れ，かつ，あなたの国となるこの国を受け入れ，その歴史，その原則及び価値を受け入れ，並びに，国民共同体に統合されてこの国を守るのに貢献することを承諾し，かつ，その将来の連帯した行為者となろうとする意思は，あなた及びあなたの子孫のためである．それと引き換えに，フランスは，あなたを共和国の市民として認める．

　あなたは，フランス国籍を取得したら，資格を取得したその日から，フランス市民の資格に結びつけられるあらゆる権利を享有し，あらゆる義務を負う．フランス人になったら，あなたはもはや，フランスの領土において，他の国籍を主張することはできない．

　すべてのフランス市民の権利と義務，特に各人のフランス共和国に対する忠誠についての正しい理解を確認するため，この憲章を理解し，それに同意するなら，署名をしなければならない．あなたの署名は，あなたの契約の証であり，フランス国籍を取得するために不可欠な条件である．

フランス市民の権利と義務の憲章 (本文)
　この憲章は，民法典第 21-24 条に基づき，共和国の原則及び基本的な価値を再確認し，かつ，憲法又は法律から生じる市民の権利と義務を明記する．

フランス共和国の原則，価値及びシンボル
　フランス人民は，1789 年 8 月 26 日の人と市民の権利の宣言及び歴史的に受け継がれた民主的諸原則を認める．
　フランス人民は，共和国のシンボルを尊重する．
　国旗は，青，白，赤の三色旗である．
　国歌は，ラ・マルセイエーズである．
　共和国の標語は，「自由 (Liberté)，平等 (Egalité)，貢献 (Fraternité)」である．
　国の祝日は，7 月 14 日である．
　「マリアンヌ」は，共和国のシンボル的肖像である．
　共和国の言語は，フランス語である．

フランスは，その原則が1958年10月4日の憲法で定められている，不可分で，政教分離の，民主的かつ社会的な1つの共和国である．

不可分：国家の主権は，人民に属する．人民は，選挙で選ばれた代表者及び国民投票によってその主権を行使する．人民のいかなる部分も，いかなる個人も，主権の行使を奪われない．

政教分離：共和国は，信教（conscience）の自由を保障する．共和国は，あらゆる信仰（croyance）を尊重する．各人が，宗教を信じ，信じず，変えるのは自由である．共和国は，信仰（cultes）の自由な行使を保障するが，それを公認せず，それにいかなる賃金も支払わず，いかなる補助金も出さない．国家と宗教は，分離されている．

民主的：共和国の原則とは，人民の，人民による，人民のための政府である．直接であれ，間接であれ，選挙は常に，普通選挙で，平等で，投票の秘密が保障される．法律は一般意思の表明であり，すべての市民は，それを尊重しなければならない．何人も，法律が命じないことを行うのを強制されることはない．フランス人民の名において，裁判は独立である．警察力は，法律の尊重及び裁判の決定を保障する．

社会的：国は，個人及び家族に対して，その発展に必要な条件を保障する．

共和国は，すべての者に対し，個人及び財産の安全を保障する．

共和国は，その権能のある部分を共同で行使することを自由に選択した国家によって構成されるヨーロッパ共同体（EU）に参加する．

フランス市民の権利と義務

すべての人間は，人種，宗教及び信仰による差別なく，譲り渡すことのできない権利を有する．共和国の領土において，この権利は各人に保障され，人はみなその権利を尊重する義務を負う．フランス市民の資格には，個人の権利と義務のほか，人民の代表の選挙に参加する権利及び国防に協力し又は陪審に参加する義務を伴う．

自由

人間は，自由かつ権利において平等に生まれ，存在する．

自由とは，他人を害しないすべてのことを行うことができることである．

人に対して払うべき敬意は，その尊厳を害するすべてのことを禁止する．人間の身体は不可侵である．

何人も，その表明が公序を乱さない限り，その意見によって咎められることはない．すべての市民は，法律で定めた自由の乱用に該当しなければ，自由に意思を表

明し，書き，出版することができる．

　人はみな，その私生活を尊重される権利を有する．

　何人も，法律の定める事由と手続によらなければ，起訴され，逮捕され，又は拘留されない．

　人はみな，裁判で有罪と判断されるまでは，無罪と推定される．

　人はみな，団体を作り，又はその選択する団体に参加する自由をもつ．人はみな，自由に政党又は政治団体に加入し，労働組合活動によってその権利及び利益を守ることができる．

　18 歳以上であって，市民権を享有するすべてのフランス市民は，選挙人となる．選挙人の資格をもつ市民はみな，法律の定める条件の下，立候補をすることができる．

　人はみな，所有権を有する財産を尊重される権利を有する．

平等

　すべての市民は，性，出自，人種又は宗教による差別なく，法の前に平等である．法律は，保護するためであれ，罰するためであれ，すべての者に対して同じである．

　男性と女性は，すべての分野で同じ権利をもつ．

　共和国は，選挙の権限，公選による職並びに職業上の及び社会的な要職への女性と男性の平等なアクセスを支援する．

　配偶者のいずれも，自由に職業活動を行い，収入を受け取り，共通の負担をした後は，思いどおりにそれを使用することができる．

　両親は，共同で親権を行使する．彼らは，子どもに教育を与え，その将来に備える．

　教育は，男女を問わず 16 歳になるまでの子どものための義務である．すべての段階における無料かつ宗教から分離された公教育の組織化は，国家の義務である．

　フランス市民は平等であり，その能力に応じて，すべての公職に就くことができる．

貢献

　すべてのフランス市民は，国の防衛及び国家の統一に協力する．

　フランス人の資格を得た者が国防の義務を果たさず，又は，フランスの基本的な利益に反する行為をした場合には，フランス国籍をはく奪されることがある．

　各人はみな，その資力に応じ，租税及び社会保険料を支払うことによって，国の支出に拠出する義務を負う．

国は，すべての者に対し，健康の保護，母性の安全及び休暇の権利を保障する．すべての者は，年齢，身体又は精神の状態，経済的状況によって働くことができないときは，共同体から生存に適切な手段を手に入れる権利を有する．

6　「共和国」に関する若干のコメント

市民憲章によってフランス共和国なるものの具体的内実が明らかとなったが，これに関連し，いくつかコメントを述べたい．

（1）「共和国」の意味

市民憲章では，フランス共和国の原則として，1789年8月26日の人と市民の権利の宣言（フランス人権宣言）及び歴史的に受け継がれた民主的諸原則を掲げている．フランスは，1789年の革命によって人権宣言を掲げて共和政を実現したにもかかわらず，それ以降二度の帝政と二度の王政復古，さらにはヒトラーによる侵略とヴィシー政権の誕生という蹉跌を経験し，そのたびに共和政を再興してきた．すなわち，第一共和政（1973-1804）は，皇帝ナポレオン・ボナパルト（ナポレオン1世）の第一帝政に取って代わられ，第二共和政（1848-1851）は，その初代大統領のルイ＝ナポレオン（ナポレオン3世）が自ら起こしたクーデタによってわずか3年で崩壊した．1848年から65年間続いた第三共和政（1875-1940）では，チュニジア（1881年），モロッコ（1912年）を保護領化するなど植民地支配を拡大強化したが，最後は逆に領土拡張政策をとるナチス・ドイツに侵攻され，ヴィシー政権の樹立によって幕を閉じた．戦後の第四共和政（1946-1958）は，アルジェリア独立戦争（当時，フランスは，これを戦争（guerre）ではなく事件（évènements）と呼んでいた）への対応などで統治上の欠陥を露呈し，大統領の権限を強化した現在の第五共和政が誕生したのである．

このような共和政の挫折と再興の歴史の上に現在の第五共和制がある．したがって，市民憲章でいうフランスとは，王政や帝政を排除した「フランス共和国」であり，「歴史的に受け継がれた民主的諸原則」とは，5度の共和政にお

いて受け継がれてきた民主的諸原則を意味することになる.

（２） 政教分離原則（ライシテ）とイスラム教スカーフ事件

フランスが，不可分で，政教分離の，民主的かつ社会的な１つの共和国であることは，第五共和国の 1958 年憲法第１条で定められているが，市民憲章では，「不可分」，「政教分離」，「民主的」及び「社会的」の意味をわかりやすく説明している.

このうちの政教分離原則（laïcité：ライシテ）は，信教の自由を保障するため，国家と宗教を分離するものだが，これがイスラム教徒のスカーフ着用との関係で問題となった．具体的には，公立中学校で，イスラム教徒の女子生徒がヒジャブ（hijab）と呼ばれるスカーフをかぶって授業に出席したところ，その行為は政教分離を定めた共和国の原則に反するとして，校長がその生徒を退学させたため，この校長の判断の是非がフランスで大きな論争となった[107].

この問題については，最終的に，2004 年３月 15 日の法律[108]で「公立の小学校，中学校及び高等学校では，生徒がこれみよがしに（ostensiblement）その宗教的所属を表すシンボルや服装を着用することは禁止される」と定めることによって解決が図られた．この法律は，憲法原則の１つである政教分離は公立学校の基礎であるという前提の下，中立性が求められる国民教育（義務教育）の場において信教の自由を保障するためには，特定の宗教的所属のこれみよがしな表出から生じる圧力から他者の信教の自由を守ることが必要であるという考えに立っている[109].　したがって，私立学校や大学などは禁止の対象とならず，また，禁止の対象となる公立学校であっても，目立たない（discret）宗教的シンボルの着用は禁止されない[110].

（３） 単一言語主義

多言語の使用を公式に認めるかどうかは，多文化主義か同化主義かの重要なメルクマールとなる．フランスでは，1958 年憲法第２条でフランス語を共和国の言語と定め，単一言語主義をとった．もっとも，フランス本土だけでも，バスク語，ブルトン語，カタロニア語など 10 の地域言語（langues régionales）があるが，これらは，同憲法第 75-1 条によって，フランスの遺産（patrimoine）と位置づけられている.

　これに関連し，ヨーロッパにおける地域言語や少数言語を保護し，援助することを目的とした「地域・少数言語に関するヨーロッパ憲章（Charte européenne des langues régionales ou minoritaires）」が 1992 年にヨーロッパ評議会で採択されている. フランスはこれに署名したものの，これを批准するために提案された「地域言語のイマージョン教育のための法律案[111]」は，2016 年 1 月 14 日の国民議会の委員会で賛成 13，反対 14 の僅差で否決されている. 反対派の理由の 1 つは，フランス語が共和国の言語であり，共和国は 1 つにして不可分とされていることであった[112].

（4）　市民の権利と義務

　市民憲章では，まず，すべての人間が「譲り渡すことのできない権利」を有すると述べている. これは，フランス人権宣言前文の文言と同じく，権利の不可譲渡性を表明したものである. また，「他人を害しないすべてのことを行うことができること」という自由の定義も，フランス人権宣言第 4 条と同じ表現となっている. このように，市民憲章の多くは，フランス人権宣言を受け継いだ内容となっている.

　同時に，市民憲章では，市民の義務についても述べている. 当然のことながら，フランス人になることには，権利や自由の享受だけでなく，義務が伴うのである. 市民憲章で掲げられている義務には，譲り渡すことのできない権利を尊重する義務のほか，国防に協力する義務，陪審に参加する義務，さらに，子どものための教育の義務，国家の統一に協力する義務，租税及び社会保険料を支払い，国の支出に拠出する義務がある. ただし，これらの義務の内容は，1958 年憲法で直接定めるのではなく，個別の法律で定められる（同憲法第 34 条第 1 項）.

（5）　「博愛」ではなく「貢献」

　これまで日本では，fraternité は「博愛」や「友愛」と訳されてきた. しかし，市民憲章で述べられている内容から考えると，これは，国家を国民共同体と捉えた上で，その市民が連帯して国民共同体を維持するために行う行為と,

それに対して国民共同体が市民に保障する権利の総体を意味している．これを，日本語で表わすなら「国に対する貢献と権利」となるが，一言で表現するなら「貢献」が適当であろう．

　市民憲章では，まず，「貢献」の内容として，国の防衛及び国家の統一に協力する義務をあげており，この義務に違反した場合には，フランス国籍がはく奪されるとしている．実際，フランス民法典は，国家の基本的利益の侵害となる犯罪により，又は兵役法典の義務を免れたことにより有罪判決を受けた場合などには，フランス国籍をはく奪できることを定めている（民法典第25条）．

　さらに，市民憲章は，「貢献」の内容として，各人はみな，その資力に応じ，租税及び社会保険料を支払うことによって，国の支出に拠出する義務を負い，国は，すべての者に対し，健康の保護，母性の安全及び休暇の権利を保障し，すべての者は，年齢，身体又は精神の状態，経済的状況によって働くことができないときは，共同体から生存に適切な手段を手に入れる権利を有すると述べている．これらの権利の内容や性質をどう理解すべきかについてはさらなる検討が必要だが，fraternité の内容としてここで述べられていることが，「博愛」や「友愛」でないことだけは確かであろう．

　なお，「貢献」に関連し，2017年に「平等と市民権に関する2017年1月27日の法律[113]」が成立した．その第Ⅰ編第1章「貢献を発展させるためすべての市民の共和国との契約を促進する」では，新たに「市民予備役（réserve civique）」を導入し，生涯を通じた市民予備役活動を制度化している．この予備役活動は，自発的で不定期なものとされており，活動の内容としては，国防や治安のほか，教育活動や環境，国際協力など多様な分野が予定されている．

7　最後に

（1）　フランス移民政策の特徴

ア　変遷する国民と移民の概念

ⅰ　アンシャン・レジームから民法典制定まで

フランスでは，国家の体制が変わると国民の概念も変化し，したがって，外

国人たる移民の概念も変化してきた.

アンシャン・レジームでは,朕が国家であり,人民はその従属物であった.したがって,フランス人かどうかは,国王が死者の財産を没収できるかどうかという観点から問題となった.これに対し,フランス革命で人民が主権者になると,フランス国民の範囲をどう定めるかは,主権者を誰にするかという問題と表裏一体となった.このため,革命後初の憲法である1791年憲法では,25歳以上で税を払い,国民軍に参加する男性である能動的市民と,女性や未成年者,貧困者といった受動的市民とを区分し,前者のみが国家権力を行使できることにした.同様の発想は1795年憲法,1802年憲法でもみられ,一定年齢以上の男子であって,税を収めている者が「フランス市民」となり,選挙権を行使し,公職に就任できるとした.ただし,統領制を定めた1799年憲法では,フランス市民の資格に納税等の社会的要件は含まれなかったが,それは,同憲法が非民主的な議員の指名制をとり,公職者の選任から民意を排除していたためであった.

ii 私権と政治的権利を分離した民法典

1803年の民法典は,私権の行使と政治的権利の行使の主体の分離を法定し,フランス人=フランス国民の定義は民法典で定めることとした.これによって,フランス人の要件から納税等の社会的要件は排除され,これを要件とする政治的権利主体たるフランス市民の定義は,憲法やその委任を受けた選挙法等で定めることになった.

民法典によってフランス人とフランス市民の概念が分離された後も,フランス人の定義は変遷を続けた.1851年法では二重の生地主義が導入され,1889年法ではその徹底が図られた.20世紀になっても,二重の生地主義の適用のあり方を巡って法改正が行われた.このような国民の定義の変遷とともに,フランスに居住する外国人たる移民の定義も変化することになる.

イ 戦争,そして産業振興のための移民

外国人をフランス国民にする必要性が最初に主張されたのは,戦争を遂行するためであった.革命戦争を遂行するため近隣諸国との戦いに迫られたナポレオン1世は,外国人の子を兵役に服させるために生地主義を主張した.ナポレオン3世も,同様の観点から,フランス人の定義に二重の生地主義を導入し

た.

　やがてフランスで産業革命が起きると，労働力としての移民が必要になる．その背景には，18 世紀末以降フランスの出生率が他国より低かったという特殊な事情があった．しかし，不況が続くとフランス人の雇用の確保が優先され，移民は排除されていく．これは 19 世紀だけでなく，20 世紀になっても同じであり，オイルショック後の 1974 年には移民受入の停止が決定された．移民政策は，フランス国の都合によって受入と排除の中で揺れ動いてきた.

ウ　移民問題を巡る左右の政治的対立

　1980 年代以降の不況期には，極右（国民戦線）は生地主義を廃止すべきと主張し，右派（共和国連合）はその適用範囲を制限しようとしたのに対し，左派（社会党）は生地主義を維持・拡大しようとした．しかし，実際に成立した法律をみると，1993 年法は，社会党の大統領の下，共和国連合のバラデュール首相によって（第二次コアビタシオン），生地主義を緩和する方向で改正が行われ，反対に，1998 年法は，共和国連合のシラク大統領の下で社会党のジョスパン首相によって（第三次コアビタシオン），生地主義を強化する方向で改正が行われた.

　このように，コアビタシオンの下では，基本的には国民議会で多数派を占める首相の意向が政策に反映されるものの，左右の厳しい対立を招くような政策選択は行われにくいという政治的現実もみえてくる．1958 年憲法では，大統領と首相・国民議会の政治的立場にねじれが生じた場合，政府の政策決定は基本的には首相のイニシアティヴに委ねられるが（第 20 条及び第 21 条），大統領にも法律の再審議の要求（第 10 条第 2 項）や法律案の国民投票への付託（第 11 条）といった対抗手段が認められている．このため，コアビタシオンの下では，左右の厳しい対立を招くような政策選択は行われにくい統治構造となっている.

（2）　根底にあるフランス的同化思想

　4（2）で検討したように，フランス共同体への「同化要件」が適用されるのは，「当局の決定によるフランス国籍の取得」つまり帰化の場合とされている．ただし，婚姻を理由とする場合などは，フランス共同体への同化が消極要

件とされている.

　ところで，生地主義の中心的規定である「フランスでの出生と居住を理由とするフランス国籍の取得」で定められている国籍取得事由は，フランスで生まれ，11歳以降少なくとも5年間フランスに常居所を有していたことである．これを国籍付与の根拠とするのは，フランスで生まれ，生活し，フランスの教育を受けている以上共和国の価値観を共有しているはずだと考えられるからであり，これらの事実に基づき，いわば「みなし同化」がなされているものと捉えることができる．そして，その根底に，帰化の場合と同様の思想，つまり，フランス人になるためには，フランス語を話し，フランスの歴史，文化，社会を理解し，その基本的な価値に従わなければならないという思想（以下これを「フランス的同化思想」という）を見出すことができる．

　帰化の場合には，フランスへの同化を申請者の知識の確認と市民憲章への同意によって具体的に根拠づけるのに対し，「フランスでの出生と居住を理由とするフランス国籍の取得」の場合には，フランスでの出生及び一定期間の生活，特に11歳以降5年間という中等教育期間をフランスで過ごしたという社会的事実で根拠づけているものと解される．ちなみに，二重の生地主義を徹底した1889年法でも，フランスで生まれ，教育を受けた子は，フランスと強いつながりで結びついていることをその根拠としていた．

　同様に，「国籍届出によるフランス国籍の取得」についても，「みなし同化」を見出すことができる．なぜなら，フランス人の単純養子となった子，フランス人に育てられた子（①），10年間フランス人の身分占有を享有した者（②），少なくとも25年間合法的，恒常的にフランスに居住していた者（③）など，いずれも相当期間にわたるフランスでの居住や生活という社会的事実を根拠にフランス国籍を認めることとしているからである．このように，民法典は，共同体への同化を明示的に求めている場合は当然として，そうでない場合にも，実質的に同化に準じるとみなせる社会的事実を根拠にフランス国籍を認めていることがわかる．

（3）　生地主義による血統主義の希薄化

　1803年の民法典制定の際，生地主義を主張したナポレオンに対し，老法律

家トロンシェは，家族がその姓を代々受け継ぐように国籍も血統によって受け継がれるべきであるとして血統主義を主張し，立法府もそれに賛成した．これは，「同化」よりも強い絆で結ばれた「血縁共同体」がフランス国の基礎となるべきことを宣明したものと捉えることができる．しかし同時に，民法典は，その制定時から，フランスで外国人の父から生れた者について，定住の意思の届出と定住の事実を要件として，フランス人の資格を請求する権利を認めており（第9条），その後も生地主義による国籍取得事由を拡大してきた．

このように，血統主義に基づく血縁共同体に「フランス人の血を引かないフランス人」を受け入れるために，「フランス共同体への同化」の合意（帰化による国籍取得），又はフランスでの出生とフランス的同化思想に同意したとみなすことのできる社会的事実（生地主義による国籍取得）を根拠として，外国人がフランス共同体に加入することを認めているが，それはその外国人が文化的，社会的価値観についてフランス的であることを前提としている．

その結果，帰化や生地主義によって多くの外国人がフランス人となり，その子は血統主義に基づいてフランス人になるというように生地主義と血統主義が交錯し，「血統」の希薄化が進むことになった．果たして，フランス国民の中で，代々遡っても先祖の中に外国籍の者は1人もいないという者は，どの程度いるのだろうか．もっとも，出自の多様性を当然の前提とする現在のフランス人にとって，このような問い自体が無意味なのかもしれない．そうだとすると，生地主義か血統主義かという議論自体，フランス人のアイデンティティをどこに求めるかという政治的なレトリックにすぎないことになる[114]．

（4） 価値共同体としての共和国とその限界
ア 共和国的価値共同体としての国家

「フランス的同化思想」の基礎にあるのは，市民憲章に示された共和国的価値や原則であり，フランスに帰化するためには，これらの価値や原則に同意しなければならない．さらに，生地主義に基づき多くの外国人が「みなし同化」を根拠にフランス人になっていることを考えると，フランスという国家は，これら共和国的価値や原則によって統合された国家ということになり，共和国的価値共同体としての国家というものを観念できることになる[115]．

イ　ヨーロッパ共同体（EU）との関係

　しかし，価値共同体としての国家は，それゆえにこそ，その限界を露呈する．その1つは，ヨーロッパ共同体（EU）との関係である．市民憲章では，共和国はEUに参加し，その権能のある部分を共同で行使すると宣言している．また，「市民の手引き」にも，フランス市民はEU市民であると記されている．しかし，イギリスのEU離脱の例をあげるまでもなく，EUとフランスの利害が常に一致するとは限らない．今後EUとの関係で受ける不利益が利益を大きく上回る状況になった場合でも，フランスは，自国の多大な不利益を甘受してもEUの一員であり続けようとするのだろうか．そしてその場合，共和国的価値の何を優先して守ることになるのだろうか．

ウ　共和国的価値を否定するフランス人の存在

　他の1つは，共和国の価値に同意せず，さらにはこれを否定するフランス人の存在である．「フランスでの出生と居住を理由とするフランス国籍の取得」の場合，出生と居住という事実だけで「みなし同化」をしており，共和国的価値への明示的な同意を求めているわけではない．また，仮に明示的に同意したとしても，それが真意に基づくものとは限らないし，その後に価値観が変わることもあるだろう．そもそも，生地主義に基づきフランス人になった者が，母国の言語や宗教，慣習に従って家族や友人とフランスで生活をしているという社会的現実がある以上，フランスでの居住や生活という社会的事実によって共和国的価値への同意を根拠づけること自体に一定の限界がある．加えて，かつてのフランスの植民地出身者にとって，公教育でフランスの歴史や文化を学ぶということは，母国がフランスに侵略された歴史や文化を学ぶことになるというアイロニックな現実もある．さらに，キリスト教とイスラム教という数世紀にわたる宗教間の軋轢を背景に，IS（イスラム国）などのイスラム過激派への敵視が，穏健なイスラム教徒に対する偏見や差別へと波及する可能性は常に存在する．

　これらの歴史的，社会的要因は容易に除去される性質のものでないことを考えると，移民に対する社会的統合や同化政策がいかに強化されても，価値共同体としてのフランスの根幹をなす共和国的価値の正当性は，常に問われ続けることになるのである．

参考文献（注に掲げたものを除く）

柴田三千雄・樺山紘一・福井憲彦編『世界史大系　フランス史2―16世紀～19世紀なかば―』（山川出版，1996年）

柴田三千雄・樺山紘一・福井憲彦編『世界史大系　フランス史3―19世紀なかば～現在―』（山川出版，1995年）

館田晶子「フランスにおける国籍制度と国民概念（1）～（3）―その歴史的考察―」北大法学論集第55巻第4号（2004年），同第56巻第5号（2006年），同第57巻第4号（2006年）

注

1) Weil, Patrick. *Qu'est-ce qu'un Français?*, Gallimard, 2009. 本章第2節の内容は，同書に負うところが大きい.

2) 文化社会論の立場から，本章と同様の問題意識に基づき書かれたものとして，三浦信孝『現代フランスを読む』（大修館書店，2002年）210頁以下.

3) フランスに居住する外国人の統合に関する問題について首相に意見具申等を行うための組織で，1989年12月から2012年12月まで存続した.

4) Haut Conseil à l'intégration, *Pour un modèle français d'intégration : Premier rapport annuel 1991.*, pp. 18-19.

5) Weil, *op. cit.*, pp. 23-25.

6) Haut Conseil à l'intégration, *op. cit.*, p. 11.

7) 外国人の古称. カロリング朝の時代（820年）には，「aubain」は王国にとっての外国人を意味していたが，13世紀の中頃に「領主の土地以外で生まれた者」を意味するようになり，領主が外国人遺産没収権を行使するようになっていた. その後再び国王がそれを行使するようになった. Weil, *op. cit.*, p. 420.

8) Blanc-Chaléard, Marie-Claude. *Histoire de l'*immigration, La Découverte, 2009, pp. 5-6.

9) 邦語訳については，高木八束・末延三次・宮沢俊義編『人権宣言集』（岩波文庫，1957年）128頁以下，辻村みよ子・糠塚康江『フランス憲法入門』（三省堂，2012年）195-195頁，初宿正典・辻村みよ子編『新解説世界憲法集第4版』（三省堂，2017年）279-281頁参照.

10) Weil, *op. cit.*, pp. 26-28. 女性の権利の制限に関する邦語の文献として，辻村みよ子『人権の普遍性と歴史性―フランス人権宣言と現代憲法―』（創文社，1992年）123頁以下参照.

11) Décret 10 avril 1790 concernant les conditions requises pour être réputé Française et pour être admis à l'exercice des droits de citoyen actif.

12) デクレ（décret）とは，立法議会ではなく，行政府が発する命令であり，「政令」と訳されることが多い. しかし，時代によって，デクレの発出権者やその範囲が異なるので，本書では，デクレという表現をそのまま用いる. 山口俊夫編『フランス法辞典』

（東京大学出版会，2002年）144-145頁参照.

13) domicile の訳. 本章では，原則として，domicile を住所，résidence を居所又は居住と訳す.

14) フランス革命以降のフランス憲法の邦訳については，辻村・糠塚・前掲注（9）参照. ただし，同書では，条文が一部省略されていることがあるので，本章では基本的に原文を参照した.

15) Weil, *op. cit.*, p. 28. なお，同書では，1790年12月9日のデクレも統一された定義の対象になったと書かれているが，同デクレは，宗教上の理由による国外亡命者の財産回復について定めたものであり，フランス市民の要件に関するものではない.

16) *Ibid.*, pp. 28-30.

17) この間の憲法及びフランス人の要件の改正内容については，江口隆裕「フランスにおける移民政策の展開―マグレブとの関係を中心に―（二）」神奈川法学第47巻第1号（2014年）42-49頁参照.

18) Weil, *op. cit.*, pp. 37-38.

19) フランスの民法典は，前編が1803年3月5日制定，同月15日公布，第Ⅰ編は1803年3月8日制定，同月18日公布というように編ごとに順次制定，公布され，1804年3月21日法によって一個の法典とされた. また，その呼称は，当初，「フランス人の民法典」という名称だったが，1807年に「ナポレオン法典」に改称され，1816年，ナポレオンの失脚とともにフランス人の民法典に改められ，1852年にナポレオン3世によって再びナポレオン法典に改められたが，1870年の第三共和政以降単に「民法典」と呼ばれるようになった（山口俊夫『概説フランス法 上』（東京大学出版会，1978年）62-63頁）. 本章では，基本的に民法典という呼称を用いる.

20) François Denis Tronchet（1723年～1806）. パリ生まれの法律家. ナポレオン・ボナパルトによって，ポルタリス（Portalis），ビゴ・ドゥ・プレアムノ（Bigot de Préameneu）及びマルヴィル（Maleville）の3人の法律家とともに民法典起草委員会の委員に任命され，その委員長を務めた. http://fr.wikipedia.org/wiki/Fran%C3%A7ois_Denis_Tronchet（2020.09.18 アクセス）

21) Weil, *op. cit.*, pp. 42-52.

22) 1799年憲法で設けられた30名の議員からなる法律案作成のための諮問機関. 行政裁判の最上級裁判所としての権限をもつ現在のコンセイユ・デタとは異なる. 山口・前掲注（12）112頁.

23) Weil, *op. cit.*, p. 52.

24) Blanc-Chaléard, *op. cit.*, pp. 5-6.

25) *Ibid.*, p. 7.

26) *Ibid.*, pp. 8-9.

27) *Ibid.*, p. 10

28) Weil, *op. cit.*, p. 78.

29) Blanc-Chaléard, *op. cit.*, p. 9.

30) フランス語では，亡命者を exilé（e）又は réfugié（e）という. 前者は，exiler（祖国から追放する）の名詞形で，後者は se réfugier（避難する）の名詞形である. 日本語では同じ「亡命」でも，両者のニュアンスは異なる.

31）大移住は 1831 年に始まり，1870 年まで続いた．移住者の中には，音楽家のショパン
（Frédéric Chopin）や科学者のキューリー夫人（Marie Curie）も含まれていた．
http://fr.wikipedia.org/wiki/Grande_%C3%89migration（2020.09.18 アクセス）

32）Blanc-Chaléard, *op. cit.*, p. 7.

33）Sénatus-consulte organique du 26 vendémiare an XI（4 septembre 1802）relatif à
l'admission des Étrangers aux droits de Citoyen français, pour services rendus à la
République, importation d'inventions utiles ou formation de grands établissements.

34）Weil, *op. cit.*, pp. 54-55.

35）Loi du 21 avril 1832 relative aux Étrangers réfugiés qui résideront en France.

36）Meffre, Amelie. "Loi du 3 décembre 1849 sur la naturalisation et le séjour des étrangers",
MEDIAPART.
https://blogs.mediapart.fr/amelie-meffre/blog/190312/loi-du-3-decembre-1849-sur-
la-naturalisation-et-le-sejour-des-etrangers（2020.10.23 アクセス）

37）Décre du 28 mars 1848 relatif à la naturalisation des Étrangers.

38）Weil, *op. cit.*, p. 65.

39）Blanc-Chaléard, *op. cit.*, p. 7.

40）Loi des 13, 21 novembre et 3 décembre 1849 sur la Naturalisation et le Séjours des
Étrangers en France. 正式には 1849 年 11 月 13 日，21 日及び 12 月 3 日の法律だが，
12 月 3 日の法律と表記する．

41）Loi concernant les individus nés en France d'Étrangers qui eux-mêmes y sont nés, et les
Enfants des Étrangers naturalisés des 22, 29 Janvier et 7 Février 1851. 正式には 1851
年 1 月 22，29 日及び 2 月 7 日の法律だが，2 月 7 日の法律と表記する．

42）Lagarde, Paul. *La nationalité française 4e édition*, Dalloz, 2011, pp. 53-54.

43）Loi qui modifie la loi de 7 février 1851, concernant les individus né en France d'étrangers
qui eux-mêmes y sont nés.

44）Weil, *op. cit.*, p. 73.

45）Loi du 29 juin 1867 relative à la Naturalisation.

46）Weil, *op. cit.*, p. 67.

47）*Ibid.*, pp. 78-81.

48）三国同盟（triplice）とは，ドイツとオーストリア・ハンガリーの間で 1879 年に結ばれ
ていた二国間同盟に，1882 年イタリアが参加して成立した．これは，フランスの孤立
を狙ったものであり，フランスはこれに対抗し，1907 年にイギリス，ロシアと三国協
商（Triple-Entente）を結ぶ．この両ブロックの対立は，第一次大戦まで続くことに
なる．https://fr.wikipedia.org/wiki/Triplice（2020.10.05 アクセス）

49）Weil, *op. cit.*, pp. 82-83.

50）Loi du 29 juin 1889 sur la nationalité.

51）Weil, *op. cit.*, p. 84.

52）Leray, V. *La loi du 26 juin 1889 et la condition des Étranger*, F. MAS, 1891, p. 5.

53）Weil, *op. cit.*, pp. 83-84.

54）Leray, *op. cit.*, p. 5.

55）Weil, *op. cit.*, p. 87.

56）Loi organique du 20 décembre 1983 abrogeant l'article L.O. 128 du code électoral relatif aux incapacités temporaires qui frappent les personnes ayant acquis la nationalité française.

57）https://fr.wikipedia.org/wiki/Pertes_humaines_de_la_Premi%C3%A8re_Guerre_mondiale（2020.10.05 アクセス）

58）Décret du 2 avril 1917 portant création d'une carte d'identité à l'usage des étrangers.

59）Blanc-Chaléard, *op. cit.*, p. 23.

60）*Ibid.*, pp. 25-26.

61）Loi du 10 août 1927 sur la nationalité.

62）Le Garde des sceaux, le Ministre de la Justice et le Conseiller d'État, le 13 août 1927, *Instructions aux préfets et aux parquets relatives à la loi du 10 Août 1927 sur la nationalité.*

63）Loi du 10 août 1932 protégeant la mains d'oeuvre nationale.

64）Blanc-Chaléard, *op. cit.*, p. 39.

65）Loi du 19 juillet 1934 sur l'accession des naturalisés à certaines fonctions.

66）Décret du 2 mai 1938 sur la police des étrangers.

67）Décret du 14 mai 1938 sur les conditions du séjour des étrangers en France.

68）Décret du 12 novembre 1938 relatif à la situation et à la police des étrangers.

69）Blanc-Chaléard, *op. cit.*, p. 44.

70）*Ibid.*, pp. 46-47.

71）Ordonnance du 2 novembre 1945 relative à l'entrée et au séjour des étrangers en France.

72）オルドナンス（ordonnance）とは，国会の委任を受けて法律と同一の効力をもつ法規範をいう．山口・前掲注（12）403-404 頁.

73）INSEE, *Fiches thématiques Population immigrée-Immigés et descendants d'immigés en France*, édition 2012, pp. 98, 101.

74）Lagarde, *op. cit.*, p. 55.

75）Ordonnance du 19 octobre 1945 portant code de la nationalité française.

76）Loi du 9 janvier 1973 complétant et modifiant le code de la nationalité française et relative à certaines dispositions concernant la nationalité française.

77）Lagarde, *op. cit.*, p. 56.

78）Schor, Ralph. *Histoire de l'immmigration en France de la fin du XIXe siècle à nos jours*, ARMAND COLIN, 1996, pp. 270-273.

79）江口隆裕『「子ども手当」と少子化対策』（法律文化社，2011 年）22 頁.

80）Loi du 10 janvier 1980 relative à la prévention de l'immigration clandestine et portant modification de l'ordonnance du 2 novembre 1945.

81）Blanc-Chaléard, *op. cit.*, p. 74.

82）Loi du 29 octobre 1981 relative aux conditions d'entrée et de séjour des étrangers en France.

83）Schor, *op. cit.*, pp. 273-274 et Blanc-Chaléard, *op. cit.*, p. 85.

84）パスクァ法と呼ばれる法律には，1986 年 9 月 9 日の法律と，後述する 1993 年 8 月 24

日の法律がある.

85）Loi du 9 septembre 1986 relative à la lutte contre le terrorisme et aux atteintes à la sûreté de l'Etat.

86）Loi du 22 juillet 1993 réformant le droit de la nationalité.

87）Loi du 24 août 1993 relative à la maîtrise de l'immigration et aux conditions d'entrée, d'accueil et de séjour des étrangers en France.

88）Lagarde, *op. cit.*, p. 59.

89）Blanc-Chaléard, *op. cit.*, p. 92.

90）Loi du 24 avril 1997 portant diverses dispositions relatives à l'immigration.

91）Loi du 11 mai 1998 relative à l'entrée et au séjour des étrangers en France et au droit d'asile.

92）Loi du 16 mars 1998 relative à la nationalité.

93）Blanc-Chaléard, *op. cit.*, pp. 89, 97.

94）Lagarde, *op. cit.*, p. 60.

95）INSEE, *op. cit.*, p. 98.

96）*Ibid.*, pp. 96-101.

97）Haut Conseil à l'intégration, *op. cit.*, p. 15.

98）INSEE *op. cit.*, p. 97.

99）Weil, *op. cit.*, p. 353.

100）山口・前掲注（12）262, 518 頁.

101）フランスでは，16 歳までが義務教育とされており，6 歳から 10 歳までが初等教育，11 歳から 14 歳までが中等教育前期課程とされてコレージュ（collège）で学び，15 歳と 16 歳は中等教育後期課程とされてリセ（Lycée）で学ぶ.

102）Décret n° 93-1362 du 30 décembre 1993 relatif aux déclarations de nationalité, aux décisions de naturalisation, de réintégration, de perte, de déchéance et de retrait de la nationalité française.

103）la circulaire n° NOR IOCN1132114C du 30 novembre 2011 relative au niveau de connaissance de la langue française requis des postulants à la nationalité française.

104）https://www.immigration.interieur.gouv.fr/Accueil-et-accompagnement/La-nationalite-francaise/Le-livret-du-citoyen（2020.10.02 アクセス）

105）Décret n° 2012-127 du 30 janvier 2012 approuvant la charte des droits et devoirs du citoyen français prévue à l'article 21-24 du code civil.

106）la circulaire n° NOR INTV1234497C du 16 octobre 2012.

107）樋口陽一『近代国民国家の憲法構造』（東京大学出版会，1994 年）114-125 頁. 樋口は，この問題を「国家からの自由」と「国家干渉を通しての自由」という切り口で分析し，前者は Démocrate にとっての，後者は Républicain にとっての自由を意味するとする.

108）Loi du 15 mars 2004 encadrant, en application du principe de laïcité, le port de signes ou de tenues manifestant une appartenance religieuse dans les écoles, collèges et lycées publics. この法律は，シラク大統領のときに国会に提出され，国民議会では賛成 494，反対 36，棄権 31 という圧倒的多数の賛成で成立した.

https://fr.wikipedia. org/wiki/Loi_sur_les_signes_religieux_dans_les_%C3%A9coles_
publiques_fran%C3%A7aises#cite_note-1（2020.09.04 アクセス）

109）樋口・前掲注（107）の分析に従えば，この法律は，Républicain の立場を表明したこ
とになる．

110）Circulaire du 18 mai 2004 relative à la mise en oeuvre de la loi n° 2004-228 du 15 mars
2004 encadrant, en application du principe de laïcité, le port de signes ou de tenues
manifestant une appartenance religieuse dans les écoles, collèges et lycées publics.

111）Projet de loi pour l'enseignement immersif des langues régionales.

112）http://www.assemblee-nationale. fr/14/cri/2015-2016/20160102.asp#P698753
（2020.10.23 アクセス）．なお，フランス本土以外の海外県・領土には 65 の地域言語が
あり，これが問題をより複雑にしている．

113）Loi du 27 janvier 2017 relative à l'égalité et à la citoyenneté.

114）Fulchiron, Hugues. "Les enjeux contemporains du droit français de la nationaliét à la
lumière de son histoire", *Pouvoirs 160*, 2017, p. 14.

115）*Ibid.*, pp. 7 et 15. ただし，Fulchiron は，価値や原則による国家統合ということ自体，
現実（réalité）というより，政治的神話（mythologie politique）だとする．

第3章

シンガポールの
多文化主義

1　はじめに

　本章では，シンガポールにおける多文化主義がどのように形成され，シンガ
ポール共和国憲法（Constitution of the Republic of Singapore）においてどの
ように位置づけられているのかを中心に検討する．

　シンガポールは，1963 年にマレーシア連邦の一員となり，わずか 2 年後に
そこから分離・独立せざるを得なかった．そういった建国の歴史がシンガポー
ルにおける多文化主義の形成に大きな影響を及ぼしたことから，本章では，最
初にマレーシア連邦及びマレーシア連邦憲法（Federal Constitution of Malay-
sia）との関係を論じた上で，シンガポール共和国憲法の特徴を明らかにした
い．両者の関係を一言で表せば，シンガポール共和国憲法は，マレーシア連邦
憲法の多くを継受したものの，ブミプトラ（bumiputras）（サンスクリット語
で「土地の子」を意味する）[1]政策に代表されるマレー人優遇政策は否定し，
機会の平等（equal opportunity）と能力主義（meritocracy）へと止揚させた．
それが，マレーシアからの分離・独立の主因であり，シンガポールの多文化主
義の原点でもある．

　ちなみに，多文化主義と同じ意味で多民族主義（multi-racialism）という言
葉が用いられることがある[2]．しかし，後述するマレーシア連邦憲法における
マレー人の定義にみられるように，民族（race）という概念自体が文化的，社
会的要因によって規定されるものであることから，本書では，多文化主義とい
う表現を用いることにした[3]．

　なお，シンガポールを多文化主義の代表例として取り上げたのは，同国は，
人口こそ少ないものの（日本：1 億 2,588 万人，シンガポール：約 569 万人
（いずれも 2020 年）），一人当たり GDP では日本を大きく上回っており（日
本：40,247 米ドル，シンガポール：65,233 米ドル（いずれも 2019 年）[4]），しか
も，アメリカやフランスと同様に，その発展は外国人労働者に負うところが少
なくないと考えられるからである．

2　シンガポールの概要

（1）　人口の概況

シンガポールの人口は，2020 年現在 569 万人で，その内訳は次のとおりとなっている[5]．

・永住者（residents）…404 万人

・非永住者（non-residents）…164 万人

永住者の内訳は，国民（citizens）352 万人，永住許可者（permanent residents）52 万人となっている．

また，非永住者の内訳は，建設，造船，製造，サービスなどの部門で働く半熟練労働者に与えられる労働許可証（work permit）所持者 41%，小売りや製造業，医療関連従事者，ケアワーカーなど様々な分野で働く中級レベルの技能労働者に与えられる S パス（S pass）[6]保持者 12%，管理職，幹部，専門職などに与えられる雇用パス（employment pass）[7]保持者 12%，家事労働者（domestic workers）15%，シンガポール国民・永住許可者・各種労働パス所持者の扶養家族 17%，学生 4% となっている．

ここで特徴的なのは，569 万人の人口のうち，その 3 割に当たる 164 万人は非永住者で，しかもその 8 割は労働を目的とした非永住者だということである．このことから，シンガポールでは，外国人を重要な労働力として政策的に位置づけていることがうかがえる．2018 年のシンガポールの合計特殊出生率は 1.14 で日本の 1.42 を大きく下回っており，シンガポールでは日本以上に少子化が進んでいること[8]がその背景にある．

さらに特徴的なのは，人口統計において国民の民族比率が示されていることである．具体的には，2020 年時点の民族別構成割合は次のとおりであり，シンガポール国民は，中国人，マレー人，インド人その他の民族で構成されていることになる[9]．ここでいう「その他」とは，主にユーラシアン（Eurasian）と呼ばれる，ヨーロッパ人とアジア人の混血の子孫を意味する[10]．

・中国人（Chinese）…75.9%

・マレー人（Malay）…15.0%
・インド人（Indian）…7.5%
・その他…1.6%

（2）　シンガポールの沿革

　このように，シンガポールは多様な民族で構成されおり，多民族（multi-racial），多文化（multi-cultural）な社会となっているが，これは主にその沿革による．そこで，シンガポールという多民族国家が形成された経緯を，民族問題を中心に据えて，簡単に振り返っておこう[11]．

ア　シンガポールの発見と発展

i　シンガポールの発見

　1819年，イギリス東インド会社のラッフルズ（Stamford Raffles）[12]は，中国との交易に最適の寄港地を発見し，ジョホール王国のスルタンから島の一部を買い受けた．それがシンガポール島であり，当時は150人ほどのマレー人や中国人が住んでいるだけの未開の地であった．

　1824年にはイギリス東インド会社がシンガポール島全体を買い取り，ペナン，マラッカとともにイギリスの海峡植民地（Straits Settlements）[13]とし，海峡植民地以外のマレー半島は，マレー連合州として植民地化した．1858年，イギリス東インド会社が廃止され，シンガポールを含めた海峡植民地は1867年にイギリス本国の植民地省の直接統治下に置かれた．

　やがてシンガポールは自由貿易港として飛躍的に発展し，その人口は，1824年には1万人を超え，1901年には23万人になった．同時に，このイギリス植民地時代に中国系移民が多数流入し，人口の大半を占めるようになっていった．ラッフルズは，イギリス流の分割統治に倣い，アジアからの移民に対しては民族別に居住地を指定する住み分け政策をとった．

ii　日本軍による占領とイギリス統治の復活

　1942年2月，日本軍がイギリス軍を破ってマラヤ及びシンガポールを占領した．日本軍は，憲兵隊による恐怖統治を行い，5,000万ドルの献金を住民に強制しただけでなく，敵性華僑を発見するためとして中国系住民の「検証」を行い，反日分子と判断した数千人から数万人を処刑した[14]．他方，マレー人と

インド人に対しては，それぞれの母国の独立を支援することを約束して反英・反華僑へ向かわせようとした[15]．このように過酷な日本の占領統治を経験する中で，シンガポールの住民の中に，自分の国は自分たちで統治しなければならないというナショナリズムと反植民地意識が生まれたとされる．また，日本軍に教育・訓練を受けたマレー人は，マレー人としての共同体意識を自覚し，その自信を深めることになる[16]．

　1945年8月に日本軍が降伏し，イギリスの統治が復活する．イギリスは，海峡植民地を解消し，マレー半島全体を一括して統治しようとしたが，中国系住民に国籍を与えるとマレー人の支配が弱まることを理由にマレー人が強く反対した．そこで，1946年，イギリスは，シンガポールを除いたマレー半島をマラヤ連合（Malayan Union）とし，中国人の多いシンガポールは単独でイギリスの直轄植民地（Crown Colony）にした[17]．

iii　自治権の獲得と人民行動党の躍進

　1957年8月，マラヤ連合は，マラヤ連邦（Federation of Malaya）として独立を果たす．しかし，この頃までには資本主義対社会主義・共産主義という東西の冷戦構造が生まれていたため，イギリスは，外交・防衛上重要な地理的価値を有するシンガポールの完全な独立を望まず，その代わり部分的な自治権を与えることにした．

　イギリスは，1948年にシンガポールに立法評議会を設けていたが，1955年にはこれを立法議会に改組して一部の議員を選挙で選出することを認めた．さらに1958年8月には，シンガポール州の設置を認める法律がイギリス議会を通過し，シンガポールは国防と外交を除く自治権を獲得してシンガポール自治州となった．

　この間，シンガポールの政党としては，保守系のシンガポール進歩党（Singapore Progressive Party：SPP），左派系の労働戦線（Labour Front），急進左派の人民行動党（People's Action Party：PAP）などが誕生した．1955年の選挙では，反植民地主義を掲げる労働戦線が選出議席25議席中10議席を占め，マーシャル（David Marshall）[18]が初代の首相となった．マーシャルは完全な独立を求めてイギリスと交渉したが，イギリスは労働戦線政府が共産主義者による暴動を鎮圧できなかったことなどを理由にこれを認めなかったため，マー

シャルは辞任する．その後を継いで首相となったリム（Lim Yew Hock）[19]は，シンガポールの共産主義者や左翼を徹底的に弾圧し，それによってイギリス政府の信頼を勝ち得て完全な自治権の獲得に成功する．

　1959年5月，完全な自治権獲得後初の立法議会議員選挙が行われたが，リムが行った左派弾圧に対する中国系住民の反発は根強く，労働戦線は議席をすべて失った．これに対し，イギリス政府の傀儡だとして労働戦線を批判した人民行動党（PAP）が51議席中43議席と地滑り的大勝を占め，リー・クワンユー（Lee Kuan Yew）[20]が首相となった．リーら人民行動党の指導層は，天然資源のない狭隘な国土でシンガポールを繁栄させ，人々に仕事を与えるためには，マラヤ連邦との合併が必要と考え，合併を求める運動を展開した．

イ　マレーシアとの合併と分離・独立

i　マレーシアとの合併

　だが，マラヤ連邦与党の統一マレー人国民組織（United Malays National Organisation：UMNO）は，シンガポールとの合併に否定的であった．というのも，親共産主義的な人民行動党政府を信頼していなかっただけでなく，中国系住民が多数を占めるシンガポールと合併することによって，その政治基盤であるマレー人の政治的優位性が覆されることを危惧したのである．

　1961年，親共産主義者が人民行動党を離脱して結成した社会主義戦線（Barisan Sosialis）が，シンガポール立法議会の補欠選挙において相次いで勝利を収めた．人民行動党は，その敗北の原因は，シンガポールの経済的，社会的状況の悪化にあり，マラヤと合併しなければそれは解決できないと主張した．シンガポールが共産主義に乗っ取られる危機に直面するに及んで，マラヤ連邦の首相ラーマン（Tunku Abdul Rahman）[21]は合併を決断する．これを受け，1963年9月，マラヤ，シンガポール並びにボルネオ島北部のサバ（Sabah）及びサラワク（Sarawak）が合併してマレーシア連邦（Federation of Malaysia）（以下「マレーシア」ということがある）が建国された．ラーマンは，シンガポールの中国系住民が増加しても，ボルネオのマレー人が加わることによって民族間のバランスを保てると考えたのである[22]．

　ちなみに，1963年に制定されたマレーシア連邦憲法は，1957年8月のマラヤ憲法を基に，国の名称をマレーシアに改め，シンガポール，サバ及びサラワ

クを新たな州として追加したものであった．このため，マレーシア連邦の建国
については，法的には，新たな国家の建設ではなく，マラヤ連邦に新たな州を
加え，国名を変更しただけだとする見解もある[23]．

ii　マレー人優遇政策とマレーシアからの分離・独立

合併から 2 年後の 1965 年，シンガポールは，シンガポール共和国（Repub-
lic of Singapore）としてマレーシア連邦から分離・独立することになる．その
主な理由は，ブミプトラ政策に代表されるマレー人優遇政策をシンガポールの
中国系住民が容認できなかったことにある．

独立までの経緯を簡単に振り返ると，合併後，人民行動党は，マレー人優遇
策の是正を求めて 1964 年の連邦議会総選挙にシンガポール以外の選挙区から
も候補者を擁立し，連邦政府に対する影響力の確保を狙った．結果は 1 議席獲
得という惨敗に終わったものの，それ以上に，シンガポール以外のマレー半島
からも候補者を出すという人民行動党の選挙活動は，マレー人の支配に中国人
が挑戦するものだとして与党の統一マレー人国民組織（UMNO）の強い反発
を招き，マレー人との対立を招く結果になった．特に，リー・クワンユーは，
「マレー人のマレーシア（Malay Malaysia）」ではなく，「マレーシア人のマ
レーシア（Malaysian Malaysia）」（マレーシア人とは，中国系を含めたすべて
のマレーシア人を意味する）というキャンペーンを展開したため，マレー人の
強い反発を買った[24]．

このような民族間の対立は，暴力による民族の衝突にまで発展する．1964
年 7 月，モハメッドの誕生を祝うため行進していたマレー系住民と中国系住民
が衝突し，23 人が死亡，数百人が負傷するという民族暴動が起きた．さらに，
民族間の対立は，クアラルンプールかシンガポールかという経済面での覇権争
いにも波及し，最終的に，ラーマン首相は，両者の融和は不可能と判断する．

1965 年 8 月 9 日朝，マレーシア連邦議会は，賛成 126，反対 0 でシンガポー
ルを連邦から除外する連邦憲法修正案を可決し，その数時間後に，シンガポー
ル議会がシンガポール共和国の独立を議決した．これを国民に伝えるテレビ演
説で，リー・クアンユーは，「私にとって，今は苦難のときである．これまで
の私の人生で，私は 2 つの領土の合併と統一を信じてきた……それをやめなけ
ればならない」と涙ながらに述べ，シンガポールの独立を宣言した．リー・ク

アンユーをもってしても，歴史的に形成されてきた「マレー人の国マラヤ」という国民意識を変えることはできなかったのである[25].

3 マレーシア連邦憲法とブミプトラ政策

（1） ブミプトラ政策の沿革

ここで，シンガポールがマレーシアから分離・独立する主な原因となったマレーシアのブミプトラ政策について概観しておこう[26].

1957年にイギリスから独立した当時，マラヤ連邦には植民地労働者として移入してきた多くの移民がいた．その中でも中国系の移民は都市部に居住し，商業で地位を築いた．他方，マレー半島の先住民であるマレー人の多くは，地方で稲作などの農業に従事し，所得が低く，教育水準も低い状態に置かれていた．

これは，イギリスの植民地政策に起因する．というのも，イギリスは植民地に多くの移民を連れて行くのを常としており，そのため，イギリスの植民地には外国人が多数流入し，多宗教・多民族国家が形成された．その中でも，ブリティッシュ・ワーカーと呼ばれた中国人とインド人は，植民地への移住を強いられる見返りとして，先住民とのビジネスチャンスが与えられた．他方，移民の増加とともに先住民はマイノリティ化し，雇用や教育面で差別されていく．

そういった状況は，マレーシアだけでなく，シンガポールやスリランカ，フィージー，南アフリカなどでもみられたとされる．そして，同じくイギリスの植民地だったカナダ，アメリカ，ニュージーランド，オーストラリアでは，戦後，アファーマティヴ・アクションという形で先住民の平等を確保するための政策が講じられていくことになる．

マラヤ連合では，1949年，複数の民族間の政治的協同の場として，民族間の諸問題を協議する民族間連絡委員会（Communities Liaison Committee：CLC）[27]が設立された．その後，マラヤ連邦としてイギリスから独立する際もこの組織が活用され，マレー人と非マレー人との経済的格差を解消し，マラヤ連邦の統合を強固なものとするため，マレー人に経済的支援を行うこと，その

代わり中国系などの非マレー人に政治的平等を与えることが合意された.

（2）　マレーシア連邦憲法上の位置づけ

ア　マレーシア連邦憲法

ブミプトラ政策については，マレーシア連邦憲法（参考3-1）第153条で定めている．これによると，マレー半島の先住民であるマレー人及びボルネオ島のサバ州及びサラワク州の出身者（彼らを総称して「ブミプトラ」という）の特別な地位を保護するため，並びに，公務員の職及び奨学金その他の教育上若しくは職業訓練上の特権又は特別な便宜，さらに，貿易やビジネス上の取引に必要な許可又は免許についてブミプトラのために合理的と考える比率を確保するため，元首[28]は，必要な方法でその任務を遂行しなければならない，とされている．このブミプトラの特別な地位を保護し，「ブミプトラのために合理的と考える比率」を維持するための政策がブミプトラ政策であり，その内容は，当初は，割当制（quota）を中心とするアファーマティヴ・アクションであった.

その後，1971年の新経済政策（New Economic Policy : NEP）によって，不動産の取得や資本市場でのシェアの確保，ブミプトラ・ビジネスに対する補助などが行われることになり，連邦憲法第153条の定め以上にその範囲及び内容が拡大された.

連邦憲法第153条は，当初15年間の時限立法として提案されたが，最終的に恒久化された．しかし，このようにブミプトラに特別な地位を認めることの当否については，連邦憲法作成段階から議論があり，現在に至るまで議論が続いている．また，第153条第1項では，「他の共同体の正当な利益を保護すること」も元首の責任と定めているが，これについてより具体的な内容を規定した立法は見当たらない.

なお，制定当時の第153条は，「マレー人の特別な地位を保護するため」となっていたが，シンガポールが分離・独立した後の1970年に「ボルネオ州出身者」が追加され，1976年の改正で「マレー人及びサバ州・サワラク州出身者」に改められている[29].

イ 平等原則との関係

マレーシア連邦憲法は，他の近代国家の憲法と同様，「何人も，法の前に平等であって，法の平等な保護を受ける権利を有する」として，平等原則を定めている（第8条第1項）．しかし同時に，「この憲法によって明示的に認められる場合」を除くという留保をつけ（第8条第2項），ブミプトラ政策を平等原則の例外として許容した．

また，連邦憲法第136条は，連邦公務員の公平な処遇を規定している．第153条は公務員の採用についてブミプトラのための割当制を定めているが，採用後は，第136条によって，民族にかかわらない公平な処遇をしなければならないことになる．

なお，連邦憲法第8条第2項は，ブミプトラ政策に関する留保条項を設けただけでなく，差別が禁止される事由及び禁止の対象となる行為等を具体的に列挙したという意義も有している．

ウ 「マレー人」の定義

ところで，ブミプトラ政策の対象となる「マレー人」の定義は，連邦憲法第160条第2項で定められている．それによると，マレー人とは，イスラム教を信仰するという宗教上の要件と，日常的にマレー語を話し，マレーの慣習に従うという文化的・社会的要件を満たし，かつ，①「メルデカの日」（マラヤ連邦独立の日である1957年8月31日）より前にマラヤ連邦又はシンガポールで生まれたか（生地主義），②父母のいずれか一人がメルデカの日より前にマラヤ連邦又はシンガポールで生まれたか（血統主義），③メルデカの日にマラヤ連邦又はシンガポールに居住していた者（居住地主義）と定義されている．

この定義をみると，イスラム教という宗教上の要件とマレー語及びマレーの慣習という文化的・社会的要件を基本とし，それに加えて，基準日たるメルデカの日より前のマレーでの出生（①）と，基準日におけるマレーでの居住（③）をもって「マレー人」の定義としている．②の血統主義は，父母のいずれか一人がメルデカの日より前にマレーで生まれたことを要件としているので，生地主義の亜流と捉えることができる．

注目すべきなのは，いずれの定義も，「マレー人」という民族概念をそのまま用いていないことである．その理由は，マレー人という「民族（race）」を

厳密に画定できないからであろう．つまり，マレー人を医学的，生物学的に定義することができないため，イスラム教という宗教要件及びマレー語・マレーの慣習という文化的・社会的要件によって画定するしかないのである．したがって，宗教的，文化的，社会的要件を満たせば，外貌がマレー人からかけ離れている者であっても，マレー人になれることになる．

　その上で，④これらの者の子も「マレー人」としている（連邦憲法第160条第2項（b））が，これは，マレー人の定義が，メルデカの日を基準日として，生地主義から血統主義に切り替えられたことを意味する．つまり，マレーシアという国家が成立した日を境に，マレー人の定義が血統主義に統一されたのである．

　なお，平等原則を定めたマレーシア連邦憲法第8条や連邦公務員の平等取扱いを定めた同第136条では，「民族」の定義を具体的に示すことなく，「民族」による差別を禁止している．

（参考3-1）マレーシア連邦憲法（抄）（2009年最終改正）

（平等）

第8条（1）何人も，法の前に平等であって，法の平等な保護を受ける権利を有する．

（2）この憲法によって明示的に認められる場合を除き，宗教，民族，血統，出生地若しくは性別のみを理由として，いかなる法においても，公権力の下のいかなる公職若しくは雇用への任用においても，又は，財産の取得，保持若しくは処分又は貿易，ビジネス，職業，若しくは雇用の創設若しくは継続に関するいかなる法の執行においても，国民を差別してはならない．

（中略）

（連邦公務員の公平な処遇）

第136条　同等な地位にある連邦公務員は，民族が何であれ，その雇用の期間及び条件に従い，公平に処遇されなければならない．

（中略）

（マレー人及びサバ州・サワラク州出身者のためのサービス，許可などに関する割当制の確保）

第153条（1）本条の規定に従い，マレー人及びサバ州・サワラク州出身者の特別な

地位並びに他の共同体の正当な利益を保護することは, 元首の責任である.

(2) この憲法の他の定めにかかわらず, 元首は, 第40条[30]及び本条の規定に従い, マレー人及びサバ州・サワラク州出身者の特別な地位を保護するため, 並びに, 公務員の職（州の行政以外のもの）及び連邦政府によって与えられ又は認められる奨学金その他同様の教育上又は職業訓練上の特権又は特別な便宜について, マレー人及びサバ州・サワラク州出身者のために合理的と考える比率を確保するため, この憲法及び連邦法に従い, 必要な方法でその任務を遂行しなければならない. 連邦法によって, 貿易又はビジネス上の取引に許可又は免許が求められるときは, その法律の規定及び本条に従い, その許可又は免許の比率についても, 同様とする.

(3) 元首は, 第2項の規定に従い, マレー人及びサバ州・サワラク州出身者に対する公務員の職及び奨学金その他同様の教育上又は職業訓練上の特権又は特別な便宜の確保を実現するため, その目的に必要な一般的指示を, 第Ⅹ編[31]が適用される委員会又は奨学金その他同様の教育上若しくは職業訓練上の特権若しくは特別な便宜の決定の責任を担う当局に対して出すことができる. これらの委員会及び当局は, その指示に適切に従うものとする.

(中略)

(9) 本条のいかなる規定も, マレー人及びサバ州・サワラク州出身者のための割当制確保の目的のためだけにビジネス又は貿易を制限する権限を議会に与えるものではない.

(10) すべての統治者の州の憲法は, 本条の規定に対応する条項を（必要な修正を施した上で）設けるものとする.

(中略)

第160条 (1)（略）

(2) この憲法において, 文脈上他の意味が求められない限り, 次の表現は, それぞれ次に定める意味をもつ.（中略）

マレー人とは, イスラム教を信仰し, 日常的にマレー語を話し, マレー人の慣習に従い, かつ, (a) 又は (b) に該当する者をいう.

(a) メルデカの日の前に, マラヤ連邦若しくはシンガポールで生まれ, 若しくは, どちらか一人がマラヤ連邦若しくはシンガポールで生まれた父母から生まれ, 又は, メルデカの日にマラヤ連邦若しくはシンガポールに居住する者

(b) これらの者の子

（3） ブミプトラ政策の内容

ア 新経済政策（NEP）によるブミプトラ政策の強化

マレーシア連邦憲法で割当制を定めたにもかかわらず，マレー人全般の生活はさほど改善されなかった．他方，シンガポールの分離・独立後，マレーシアでも，中国系やインド系の住民を中心に，マレー人優遇政策に反対し，民族間の平等を求める運動が展開されるようになっていた．それにもかかわらず，1967 年にはマレー語の公用語化が決まるなどマレー人優遇政策が押し進められ，マレー人と非マレー人との緊張は高まっていった．そのような状況の下，1969 年 5 月 13 日，連邦下院議員選挙で中国系の野党が躍進したことを祝って中国系住民が行進をしていたところ，かねてから中国系住民に不満をもっていたマレー系住民がこれを襲撃するという民族暴動が起き，中国系住民を中心に196 人もの死者が出た（5 月 13 日事件）．事件後，政府は，非常事態を宣言して議会を停止し，暫定内閣を組織した．この事件が契機となって，翌年 9 月にラーマン首相は退陣する[32]．その後を継いだラザク首相（Abdul Razak Hussein）[33]は，1971 年に期間を 20 年間とする新経済政策（New Economic Policy：NEP）を策定し，ブミプトラ政策を強力に推進することにした[34]．

イ ブミプトラ政策の内容

i 基本的考え方

この新経済政策では，社会・経済改革によって貧困を解消し，国民統合を実現するため，貧困層の多いブミプトラが雇用され，経済活動に参加でき，様々な経済分野でオーナーシップを獲得できるようにアファーマティヴ・アクションを強化することにした．具体的には，当時，マレーシアの経済的オーナーシップにおいてブミプトラの占める割合は 2.4% しかなかったが，これを 30%まで引き上げることなどを目標に掲げた．

この政策は，経済成長を前提に，非ブミプトラのシェアを減らすことなくブミプトラのシェアを拡大できるという「拡大するパイ理論（expanding pie theory）」の考え方に基づいている[35]．30% という数値目標と連邦憲法第 153条で定めるブミプトラのための「合理的と考える比率」との関係は明らかでないが，30% という数値については，政府部内で意見がまとまらず，最終的にラーマン首相が決めたとされている．ちなみに，1980 年当時のマレーシア国

民の民族別割合は，ブミプトラ約6割，中国系約3割，インド系約1割となっていたことから[36]，結果的には，ブミプトラの民族別構成割合の約半分が目標とされたことになる．

ⅱ　内容

マレーシア連邦憲法第153条では，政府職員の採用，国立教育機関への入学，公的奨学金の受給，ビジネスの許可・免許に関するアファーマティヴ・アクションを定めているが，それら以外に新経済政策で採られたブミプトラ優遇策の内容は，次のとおりである．

・株式をクアラルンプール証券取引所に上場する場合には，そのうちの30%をブミプトラに割り当てること
・新築家屋の一定割合はブミプトラに売却すること
・ブミプトラに対する家などの不動産売却価格を7%割り引くこと
・ブミプトラの互助ファンドを政府が運用し，収益率を保証すること
・ブミプトラ所有企業だけが政府調達プロジェクトに入札できること
・ブミプトラに車の輸入許可を優先的に与えること

ウ　新経済モデル（NEM）におけるブミプトラ政策の修正

新経済政策の期間満了を受けて2009年に策定されたマレーシアの新経済モデル（New Economic Model：NEM）では，2020年を目標年にした経済政策を定めている．具体的には，高所得，包括性及び持続可能性の3つの政策目標を掲げ，高所得としては，2020年までに一人当たり所得を1万5千～2万米ドルにすること，包括性としては，「すべてのマレーシア人のための利益」を生み出すために，「ブミプトラの特別な地位と他の集団の正当な利益とのバランス」をとるための効果的な方法を設計することを掲げた．また，ブミプトラ政策として行われたアファーマティヴ・アクションに関しては，民族間の経済格差を縮小させたものの，過度な割当制が市場の非効率性やゆがみ，非生産性，さらには贈賄や腐敗を生んだとして，マーケット・フレンドリー若しくはマーケット・ベースなアファーマティヴ・アクションが必要だとしている[37]．このように，新経済モデル（NEM）では，市場原理を阻害しないようにブミプトラ政策のあり方を見直す方向を打ち出しているものの，ブミプトラ政策自体の廃止には言及していない．

4　シンガポール共和国憲法における多文化主義

（1）　多文化主義の意義と類型

　シンガポールの憲法学者であるネオ（Jaclyn Ling-Chien Neo）は，複数の民族が1つの国で暮らす場合の政策類型を次の3つに分類した上で，シンガポールはモザイク・モデルであり，これは統合主義（integrationism）に立っているとする．そして，統合主義と同化主義の違いについて，前者は，民族的隔たりは完全には取り払えないという認識を前提に，平等取扱い及び法の共通なルールが支配する領域を作り，維持する一方，民族や宗教を制度や政策の組み立てにおいて考慮し，多元的共生を認めるのに対し，後者は，民族性を不適切なものとして無視しようとし，多元的共生を認めないとする[38]．

・同化主義モデル（assimilationist model）＝「るつぼ」（melting pot）
・分離主義モデル（separationist model）＝サラダボール（salad bowl）（文化的相違が分離して存在する）
・モザイク・モデル（mosaic model）＝前記2つのモデルの中間にあり，異なった民族がそれぞれのカラー及び活力を維持しながら，調和のとれた全体の一部を構成する．

　また，シンガポールの政治学者であるシン（Bilveer Singh）は，シンガポールの多文化主義をサラダボール・モデルに例えつつ，シンガポールでは，民族や宗教は，それぞれが別個でありながら平等であり，政府は，多文化主義を推し進めることによって，民族や宗教にかかわらない強い忠誠心で結びついた国家を目指そうとしていると述べている[39]．

　シンの主張も，シンガポールが国家としての統合を目指しているとする点で，単なる分離主義モデルとは異なっており，ネオのいうモザイク・モデルに近いものがある．そこで，このようなモザイク・モデルとされる多文化主義がシンガポール共和国憲法においてどのように位置づけられているのかを，憲法を継受したマレーシアと適宜比較しながら概観しよう．

（2）　シンガポール共和国憲法制定過程の特殊性
ア　変則的な憲法制定過程

シンガポール共和国憲法（以下本章において「憲法」ということがある）における多文化主義の位置づけを検討する前に，その制定過程の特殊性を理解しておく必要がある．というのも，シンガポールは，その意に反してマレーシアから分離・独立せざるを得なかったため，1965年8月9日の独立の日までに自ら憲法を制定する準備ができなかった．そこで，1963年にマレーシア連邦と合併した際のシンガポール州憲法（Constitution of the State of Singapore）をシンガポール共和国の憲法として用いることにした．しかし，それには基本的人権に関する定めがなかったことなどから，1965年12月にシンガポール共和国独立法（Republic of Singapore Independence Act）（以下「独立法」という）を制定し，同年8月9日に遡って適用することにしたのである．

翌1966年1月，独立法の内容を前提に，民族，言語及び宗教上のマイノリティの権利保護を憲法上どのように位置づけるべきかを検討するため，憲法委員会（Constitutional Commission）が設置された．同委員会は，同年8月に憲法委員会報告書[40]を出しており，これは，憲法制定時の考え方を知る上で参考となる公文書である．

その後，憲法は毎年のように改正され，1980年に独立法や旧シンガポール州憲法が1つの成文憲法典に統合されて現在のシンガポール共和国憲法（参考3-3）となった[41]．

イ　マレーシア連邦憲法の継受と否定

独立法は，マレーシア連邦憲法及びマレーシアで実施されている諸法令を独立後のシンガポール共和国にふさわしいように内容を修正して適用することを主な目的とした法律である．その内容としては，マレーシア連邦からの統治権及び司法権の移行（独立法第3条），執行権の執行（同法第4条），立法権の移行（同法第5条）などの権力移行条項を設けると同時に，マレーシア連邦憲法のどの条文をどのように修正して継承するかについて定めており（同法第6条），これによって，マレーシア連邦憲法の継受と否定に関する基本的な内容が決定された．

具体的には，基本的人権に関する条文についてみると，個人の自由（シンガ

ポール共和国憲法第9条），奴隷及び強制労働の禁止（同第10条），刑事法の
不遡及及び重複裁判からの保護（同第11条），平等な保護（同第12条），追放
の禁止及び移動の自由（同第13条），言論，集会及び結社の自由（同第14
条），信教の自由（同第15条），教育に関する権利（同第16条）については，
必要な修正を加えつつ，マレーシア連邦憲法の条文を継受するとしている（独
立法第6条第1項）．

　他方，連邦や州に関するマレーシア連邦特有の規定のほか，ブミプトラ政策
の根拠となったマレーシア連邦憲法第153条についても，独立後はその効力を
停止することにした（独立法第6条第3項）．また，個人の権利のうち，適切
な保障がなければ個人の財産は収容されないとする財産権保護規定（マレーシ
ア連邦憲法第13条）についても継受を否定したが，その理由は，狭い国土に
増え続ける人口を抱えるシンガポールでは，土地を公共のために使用する必要
性が高いからとされた[42]．

　また，独立法では，マレー語，中国語，タミル語及び英語をシンガポールの
公用語（official languages）とし，マレー語を国語（national language）とす
ることも定めている（同法第7条）．シンガポールの多言語主義は，この時点
で選択されたことになる．

（3）　多文化主義の中核をなす多言語主義
ア　4つの公用語と国語としてのマレー語

　言語は，文化そのものである．したがって，ある国で，複数の言語の使用を
公的に認めるかどうかは，その国が多文化主義かどうかを判断する上で重要な
メルクマールとなる．シンガポールでは，独立法のときからマレー語，中国
語，タミル語及び英語の4つの言語を公用語として認め，さらに，マレー語を
国語と定めている（憲法第153A条）．このように，シンガポールの多文化主
義は，まず複数の言語を公的に承認した多言語主義によって裏づけられる．

　ちなみに，「マレー人の国」マレーシアでは，国語はマレー語とされ，議会
など公的な目的のために英語の使用も認められているが（マレーシア連邦憲法
第152条），中国語などのマイノリティの言語は公的な言語としては認められ
ていない．

　なお，シンガポールでは，実際には，英語が共通語として日常的に用いられているが，これは，1966年に二言語政策（bilingualism）が導入されたからであり，それ以降，学生は第一言語としての英語と母語（mother tongue）を学ぶことになった[43]．

　また，中国系住民が多数を占めるにもかかわらず，シンガポールの国語がマレー語とされているのは，それがシンガポールの先住民の言語だからであり，それによって，他の言語の使用が禁じられることにはならないとされている[44]．多くの生徒は，学校の朝礼でマレー語の国歌を歌うものの，授業ではマレー語を習わないというのが実態であり，「国語」に精通していることがシンガポール人であることの要件とされているわけではない[45]．

イ　国籍取得要件における多言語主義

　多言語主義は，シンガポールの国籍取得要件にも反映されている．シンガポール共和国憲法は，シンガポール国籍の取得については血統主義を基本としているが，登録及び帰化の場合には居住地主義をとっており，その場合の言語要件としては多言語主義を採用している．

　すなわち，シンガポールの国籍は，出生（birth），血統（descent），登録（registration）又は帰化（naturalisation）によって取得できる（憲法第120条）．このうち出生としては，シンガポールで生まれ，かつ，父母のいずれかがシンガポール国民であればシンガポール国民となる（憲法第121条）．また，血統としては，シンガポール以外で生まれ，かつ，父母のいずれかがシンガポール国民であって，シンガポールでの居住要件（2年間又は5年間）を満たしていれば，シンガポール国民となる（憲法第122条）．これらは，いずれも血統主義を基本としている．

　これに対し，登録では，申請者が善き性格（good character）で，原則として申請直前の12年の間に通算して10年以上シンガポールに居住し，かつ，シンガポールに永住する意図があることに加え，マレー語，英語，中国語及びタミル語のいずれか1つについて基礎的な知識（elementary knowledge）を有していれば，帰化のように政府の許可を必要とせずに，シンガポール国籍を取得できるとされている（憲法第123条第1項）．

　帰化の場合にも，申請者が善き性格であり，申請直前の12年の間に通算し

て 10 年以上シンガポールに居住していることが要件とされているが，この場
合には，言語要件として国語（マレー語）について適切な知識（adequate
knowledge）を有していることが要件とされている（憲法第 127 条）．

　帰化についてだけマレー語のみが要件とされている理由は不明だが，帰化と
登録で要件に大きな違いはなく，むしろ登録のほうが居住要件が柔軟となって
いること（憲法第 123 条第 1 項（c）），他方，帰化の許可は政府のより広い裁
量に委ねられていると考えられること（憲法第 127 条第 1 項本文）から，登録
のほうが利用しやすいように思われる．

　ちなみに，登録及び帰化の場合には，申請者が「権利放棄及び献身と忠誠の
誓い」（参考 3-2）を行うことが要件とされている（憲法第 126 条第 1 項及び
第 127 条第 4 項）のに対し，血統主義に基づく国籍取得の場合にはこのような
宣誓要件は課されていない．加えて，登録及び帰化の場合にのみ公共の安全を
害する犯罪的活動等を理由とする国籍のはく奪（憲法第 129 条）が可能なこと
から考えると，登録及び帰化という居住地主義に基づく国籍取得の場合には，
国家と国籍取得者の間で国籍取得契約が結ばれると観念されているのではなか
ろうか．

（参考 3-2）権利放棄及び献身と忠誠の誓い（憲法附則第 2 条）
　「私○○は，いかなる外国又は外国人のためにも，私が有することになる権利，権
力及び特権を行使せず，かつ，外国の統治者又は国家に対するあらゆる忠誠を絶対
的かつ完全に放棄すること，並びに，私○○は，シンガポール共和国に対し忠実で
あり，偽りのない献身をし，かつ，法律を遵守し，真の忠実で誠実なシンガポール
国民になることを厳かに誓います．」

ウ　国会議員の資格と多言語主義

　シンガポール共和国憲法は，国会議員の資格についても多言語主義を採用し
ている．すなわち，国会議員の資格として，シンガポール国民であること，21
歳以上であることなどのほかに，英語，マレー語，中国語及びタミル語のうち
の少なくとも 1 つについて，議会での活動を十分に行える程度の能力を有する
ことを求めている（憲法第 44 条第 2 項（e））．

また，議会における討論と審議は，マレー語，英語，中国語又はタミル語で行われなければならないとして（憲法第53条），国会の活動に関しても多言語主義をとっている．

（4）　集団代表選挙区—マイノリティの国政参加—

ア　制度の趣旨

シンガポール共和国憲法は，中国人以外の民族，すなわちマレー人，インド人その他の民族をマイノリティと位置づけた上で，マイノリティ民族の代表が国会議員となり，マイノリティの意見を国政に反映できるようにするための特別な制度を設けている．それが集団代表選挙区（Group Representation Constituencies：GRC）である．

これは，1988年に導入されたものであり，国会議員を国民の選挙で選ぶという民主制の原則を維持しつつ，マイノリティの代表が国会議員になれるようにするためのものである（憲法第39A条）．マイノリティ民族のための国会議員割当制と捉えることもできる．

この制度の導入によって，マイノリティ政策が非差別原則から制度的保護策へと舵を切ったことになり，政府が，民族的な差異を無視する同化主義を否定し，統合主義政策へと踏み出したことを意味するとする見解もある[46]．

イ　制度の仕組み

大統領は，選挙区の選挙人の人数を勘案した上で，3人以上6人以下の人数の候補者グループによって選挙が行われる選挙区を集団代表選挙区として宣言する（憲法第39A条第1項）．集団代表選挙区に宣言された選挙区では，各政党は，3人から6人の範囲で指定された人数の候補者グループを作って選挙に臨むことになるが，そのうち少なくとも一人はマレー人コミュニティ又はインド人その他のマイノリティ・コミュニティに属する者でなければならない（憲法第39A条第2項）．大統領が指定する候補者グループの人数は，1988年当時は3人とされていたが，1991年に4人に引き上げられ，1997年から現行の3人以上6人以内になった．

この結果，シンガポールにおける国会議員の選挙区は，国会議員を3人から6人の範囲で選出する集団代表選挙区（GRC）と，国会議員を一人だけ選出す

る単独選挙区（Single Member Constituencies：SMC）に分かれることになる.

また，集団代表選挙区については，そこから選ばれる議員の総数が総選挙で選ばれる議員総数の4分の1以上でなければならない（国会選挙法[47]第8A条第2項）という下限とともに，集団代表選挙区でない選挙区が少なくとも8つなければならない（国会選挙法第8A条第1A項）という上限も設けられている.

大統領は，宣言に際し，どの選挙区を集団代表選挙区にするかだけでなく，その選挙区における候補者グループの人数及びマレー人コミュニティ又はインド人その他のマイノリティ・コミュニティのどちらに属する者をその選挙区の候補者に入れるべきかを決定する（国会選挙法第8A条第1項（b）).

集団代表選挙区では，有権者は，候補者個人ではなく，候補者グループに対して投票することになる．その結果，与野党いずれがその選挙区で勝利しても，集団代表選挙区選出議員の中の一人は必ずマイノリティ・コミュニティ出身者となる.

しかし，このような仕組みでは，集団代表選挙区の選挙人は，グループの中の誰かを選ぶのではなく，グループ全体を選ぶしかないので，単独選挙区の選挙人と比べて1票の内容に差が生じ，平等原則に反するのではないかという問題がある．このため，憲法は，集団代表選挙区のために作成された法律は，「第12条（平等な保護）に反するという理由で無効にされることはなく，第78条（マイノリティの権利のための大統領諮問委員会による法案のチェック）の下で差別的手段とみなされることもない」（憲法第39A条第3項）というみなし合憲条項を置いている[48].

ウ　マイノリティの定義

憲法は，集団代表選挙区制度の鍵となるマイノリティについて，その定義規定を置いている（憲法第39A条第4項）．それによると，「マレー人コミュニティに属する者」とは，「マレー民族（Malay race）かどうかにかかわらず，マレー人コミュニティのメンバーだと自ら認識し，かつ，マレー人コミュニティによってそのメンバーとして一般的に受け入れられている者」を，また，「インド人又はその他のマイノリティ・コミュニティに属する者」とは，「インド出身の者（person of Indian origin）で，インド人コミュニティのメンバーだ

と自ら認識し，かつ，インド人コミュニティによってそのメンバーとして一般
的に受け入れられている者」又は「マレー人若しくはインド人コミュニティ以
外のマイノリティ・コミュニティに属する者」をいうと定義されている．

　この定義では，インド人だけ「出身（origin）」を要件としているが，それ
以外は出身や宗教を要件とせず，そのコミュニティに属するという自己認識
と，コミュニティによるその者の受入のみを要件としている．ちなみに，マ
レー人の場合はほぼ 100％ イスラム教徒であり，したがって，イスラム教徒以
外の者がマレー人コミュニティの候補者となることは，ほぼあり得ない[49]．

　このため，憲法は，その候補者がそれぞれのマイノリティ・コミュニティに
属するかどうかを決定する委員会を置くと定めている（憲法第 39A 条第 2 項
(b)）．この委員会は，それぞれのコミュニティに属する者の中から，マイノ
リティの権利のための大統領諮問委員会の指名に基づき大統領によって任命さ
れた委員長及び 4 人の委員によって構成される（国会選挙法第 27C 条）．

エ　マレー人への配慮

　さらに国会選挙法では，マレー人コミュニティに属する者が候補者となる選
挙区の数は，集団代表選挙区の総数の 5 分の 3 以上でなければならないと定め
（同法第 8A 条第 3 項），マレー人の代表がマイノリティ民族代表の 5 分の 3 以
上の人数となるようにしている．

　ちなみに，シンガポール国民の中で中国人以外のマイノリティ民族が占める
割合は 24.1％ であり，その中のマレー人の割合は 62％（約 5 分の 3）となって
いる．このことを勘案すると，この規定は，マイノリティの人口比に応じてマ
レー人の代表が国政に参加できるようにするためのアファーマティヴ・アク
ションとしての性格を有しているものと考えられる．

オ　実施状況及び問題点

　制度の実施状況は表 3.1 のとおりであり，総選挙のたびに集団代表選挙区の
数及び集団代表選挙区選出議員の数が増加しており，2020 年の総選挙ではそ
の議員の割合は 86％ になっている．

　集団代表選挙区制度に対しては，候補者グループの人材確保が難しいので，
野党に不利ではないかという批判があった．実際，直近 2 回を除いた過去の総
選挙では，無投票の集団代表選挙区が存在し，特に 1991 年から 2006 年の間は

表 3.1　集団代表選挙区の実施状況[50]

総選挙 の年	SMC の数	GRC の数（グ ループの人数）	左のうち 無投票選挙区	マイノリティ 代表の人数	GRC の議席数/ 総選出議員数	無投票 議席数
1988	42	13（3 人）	2	13 人	39/81	11
1991	21	15（4 人）	10	15 人	60/81	41
1997	9	15（最大 6 人）	9	15 人	74/83	47
2001	9	14（最大 6 人）	9	14 人	75/84	55
2006	9	14（最大 6 人）	7	14 人	75/84	37
2011	12	15（最大 6 人）	1	15 人	75/87	5
2015	13	16（最大 6 人）	0	16 人	76/89	0
2020	14	17（最大 6 人）	0	17 人	79/92	0

（注）SMC は単独選挙区，GRC は集団代表選挙区を意味する．

　その数が半数以上で，これらの選挙区ではすべて人民行動党が勝利していた．しかし，2015 年及び 2020 年の総選挙では無投票選挙区はゼロとなっており，この制度が定着してきたことがうかがえる．集団代表選挙区制度の導入によって，野党もマイノリティを視野に入れた政治活動をするようになり，また，1つの選挙区で勝利すると数人の議員が一挙に当選するという「どんでん返し」が可能になるというメリットもある[51]．実際，2020 年の総選挙では，14 の単独選挙区と 17 の集団代表選挙区（4 人区 6，5 人区 11）が設けられ，後者のうち 2 つの選挙区（4 人区 1，5 人区 1）で労働者党（Workers' Party）が勝利を収めて 9 議席を獲得している．集団代表選挙区制度では，集団代表選挙区の数，区割り及び各選挙区におけるグループの人数が選挙結果に大きな影響を及ぼすことになる．

（5）　非選挙区議員及び指名議員
　(4) の集団代表選挙区及び単独選挙区で選出された議員を選挙選出議員（Elected Members）というが，シンガポール共和国憲法は，この他に，少数派たる野党又は各界各層の意見を国会に反映させるため，非選挙区議員及び指名議員の制度を設けている．これらは，多文化主義に基づくものではないが，

多様な意見の国会への反映という点で共通するものがあるので，併せて紹介する．

ア 非選挙区議員

非選挙区議員（Non-Constituency Members）とは，選挙で落選した野党の候補者を国会議員にする制度である．建国以来，人民行動党が与党として圧倒的多数を占め続けているシンガポールにあって，人民行動党自身が国会における討論の必要性を認識し，1984 年に制度化した．このような「裏口入学（backdoor entry）」に対し，当初，野党は侮辱であるとして反対したが，国会に議席をもつことのメリットを考え，最終的に容認したとされる[52]．

具体的には，政府を構成しない少数派の政党（野党）の落選者の中から，得票率の高い順に，国会が非選挙区議員を決定する．非選挙区議員の総数は12人を限度とするが，当選した野党議員がいる場合には，12 人からその数を控除した数を上限とする（憲法第 39 条第 1 項 (b)，国会選挙法第 52 条第 1 項及び第 2 項）．ただし，非選挙区議員になるためには，その得票率が 15% 以上でなければならない（国会選挙法第 52 条第 3A 項）．

2020 年の選挙では，選挙区選出議員として与党人民行動党が 83 人，労働者党が 10 人（単独選挙区 1 人，集団代表選挙区 9 人）当選したため，残り 2 議席について，非選挙区議員として，進歩シンガポール党（Progress Singapore Party）の議員 2 人が選出されている．

イ 指名議員

指名議員（Nominated Members）とは，芸術，文化，ビジネス，学問など様々な分野で国家に功績のあった者を国会議員にする制度であり，1991 年に導入された．これは，多様な才能や専門性を有する者を国会議員にし，政党の立場にこだわらない自由な意見の表明によって国会の討論を活性化させることを狙いとしている[53]．

具体的には，国会に設置される特別選考委員会が，公益に尽くした者，共和国に栄誉をもたらした者，芸術，文学，文化，科学，ビジネス，産業，職業，地域福祉又は労働運動の分野で著名な者の中から候補者名簿を作成する．候補者名簿の作成に際しては，特別選考委員会は，候補者として考慮されるべき者の名前について国民から意見を求めるものとされている．その上で，特別選考

委員会は，自主的かつ党派を超えた立場から幅広い視点に立って候補者を評価し，候補者名簿の中から9人を超えない者を指名議員として推薦する．これを受け，大統領が，推薦された者を指名議員に指名するのである（憲法第39条第1項（c），附則第4条）．

ウ　指名議員の権限の制限

指名議員は，選挙で選ばれていないという性格上，次に掲げる重要な議案については投票できないとされ，その権限が制約されている（憲法第39条第2項）．

・憲法改正案
・歳出法案，追加的歳出法案又は最終的歳出法案
・租税財政法案
・政府の不信任案
・大統領の解任等

エ　国会議員の構成

集団代表選挙区並びに非選挙区議員及び指名議員という制度は，多文化社会の下での人民行動党の一党支配というシンガポールの政治的特性を踏まえ，選挙権の平等という民主主義の原則を一部修正するものである．

これらの制度の下で行われた2020年7月の総選挙後の国会議員の構成は，次のようになっている[54]．

・議員総数…95人（人民行動党83人，労働者党10人，進歩シンガポール党2人）
　・選挙区選出議員（単独選挙区選出議員又は集団代表選挙区選出議員）
　　…93人（人民行動党83人，労働者党10人）
　・非選挙区議員…2人（進歩シンガポール党）
・指名議員…9人

（6）　マイノリティの権利のための大統領諮問委員会

これまでは，マイノリティ民族等の代表を国政に参加させるための制度をみてきたが，それとは別に，憲法は，「マイノリティの権利のための大統領諮問委員会（Presidential Council for Minority Rights）」に関する定めを置いてい

る（憲法第Ⅶ章）．これは，マイノリティ民族に対する差別的な立法を防止す
るための事前チェック機関として，大統領諮問委員会という形式の特別の委員
会を設けるものであり，1973年の憲法改正で導入された．

ア　大統領の権限

この委員会の意義を検討する前提として，シンガポール共和国憲法における
大統領の位置づけ及び権限を理解しておく必要がある．

シンガポールが独立する際に，独立法では，大統領（president）を元首と
定め（同法第2条），元首の権限を担わせることにした（同法第6条）．しか
し，当時の大統領は国会の議決で選出され，その職務は儀礼的なものであり，
実際の権力は首相が握っていた．

その後，シンガポールは，リー・クワンユー首相の統率の下に国家として発
展していくが，1984年にリー・クワンユー自身が大統領の公選制を発案し，
1991年にそのための憲法改正が行われた．その狙いは，大統領を公選制にす
るとともに，その権限を大幅に強化し，政府による財政の浪費や汚職などに
よって国家が破綻しないよう予防的に監視させることにあった[55]．

現行憲法の下では，大統領は元首とされ，国民の選挙で選ばれる（憲法第
17条）．大統領の資格としては，45歳以上の国民であること，政党に属さない
ことなどのほか，大臣，国会議長，資本金1億ドル以上の会社の社長その他大
統領の職務を担うのにふさわしい社会的な経験と能力を有することが要件とさ
れており（憲法第19条第2項（g）），これが最も特徴的な点である．

大統領の任期は6年とされ（憲法第20条第1項），その権限は，首相の任命
（憲法第25条第1項）のほか，その他の大臣の任命（憲法第25条第1項），最
高裁長官・裁判官，検事総長，軍や警察の長官など多くの主要な公職の任命
（憲法第22条），政府系機関や政府系企業の役員の任命，予算の承認（憲法第
22A条〜第22C条）など広範にわたっている．また，立法府との関係では，
国会の解散請求に対する拒否権（憲法第21条第2項（b））のほか，国会に
よって議決された法案は，大統領の同意がなければ法律として施行できない
（憲法第58条）という強い権限を有している．これらの権限は，内閣の助言に
基づき行うのが基本だが（憲法第21条第1項），首相の任命や国会の解散請求
に対する拒否権などは，大統領自らの判断で行うことができる（憲法第21条

第2項).

　このように強大な権限を有する大統領に対し，首相は単独で，国会議員は選挙選出議員の4分の1以上の多数で，大統領の憲法違反や職権乱用など一定の事由に該当することを理由として大統領の解任動議を提出でき，最終的には，選挙で選出された議員の4分の3以上の賛成によって，大統領を解任できる（憲法第22L条）.

　以上のように，シンガポール憲法の下では，大統領が政府と国会の活動を予防的に監視するという役割を有しており，法律の制定に関しては，大統領は同意権という強い権限を有している．マイノリティの権利のための大統領諮問委員会は，大統領のこのように強力な権限を背景にした制度なのである.

イ　マイノリティのための大統領諮問委員会

i　役割

　マイノリティのための大統領諮問委員会（以下「諮問委員会」という）は，一院制のシンガポール国会にあって，マイノリティの民族的，宗教的利益を保護するための第二院的な役割を果たすものとされている[56]．具体的には，国会が作成する法案及び下位立法に差別的手段となる条項が含まれているかどうか，含まれている場合には，それが施行されたときにどの条項が差別的手段となるかを議論し，差別的手段となる条項がある場合には法案に反対する報告を国会に対して行うことにある（憲法第78条第2項及び第80条第2項）．諮問委員会の目的は，マイノリティの権利全般を保護することではなく，多民族社会であるシンガポールにあって，政府の立法がマジョリティたる中国人至上主義に陥らないように最小限のチェックを行い，民族的，宗教的調和を保つことにあるとされている（憲法第152条第1項参照）[57].

　このような委員会構想は，1966年の憲法委員会報告ですでに指摘されていた[58]．1974年には，マイノリティの権利の大統領諮問委員会（Presidential Council of Minority Rights）という似た名称の委員会が設置されたが，1991年の大統領の公選制導入と同時に現在の諮問委員会に改められた[59].

ii　「差別的手段」の意味

　ここで重要なのが，「差別的手段」の概念である．憲法第68条にその解釈規定があり，それによると，差別的手段とは，「ある民族的又は宗教的コミュニ

ティの人々に対し不利益となり，又は，それが実際に適用されることによって
不利益となりそうなあらゆる手段であって，かつ，他の同じようなコミュニ
ティの人々と平等に不利益になるのではないことをいい，それらのコミュニ
ティの人々に損害を与えることによる直接的なものであるか，又は，他のコ
ミュニティの人々に利益を与えることによる間接的なものであるかを問わな
い」とされている．

　この解釈規定に関する留意点をあげると，第一に，ここでは，多民族国家で
あるというシンガポールの特性を前提に，「ある民族的又は宗教的コミュニ
ティの人々」に対する不利益のみを対象としている．したがって，それ以外の
事由に基づく差別的手段，例えば性別による差別的手段は対象外となる．

　第二に，憲法は，第12条で「宗教，民族，血統又は出身地のみを理由」と
する「差別（discrimination）」を禁止しているのに対し，ここでは「差別的手
段（differentiating measure）」となるかどうかを問題にしている．その理由は
明らかでないが，discrimination は一般的に否定的で望ましくない状態を意味
するのに対し，differentiation は積極的で望ましい状態も含むからではないか
との指摘がある[60]．

　第三に，差別的手段の捉え方として，民族的，宗教的コミュニティ間の比較
が基本となっている．すなわち，ここでは，マイノリティとしての民族的，宗
教的コミュニティが，メジャーな民族的，宗教的コミュニティ（中国人コミュ
ニティ）に比べて不利益を受けているかどうかが問題とされる．

　第四に，差別的手段という概念自体は，かなり広く捉えられている．という
のも，ある法令の条項自体が差別的手段となるかどうかだけではなく，「それ
が実際に適用されることによって不利益となりそうなあらゆる手段」も対象と
なることが憲法上明記されているからである．したがって，法の運用によって
不利益を受ける蓋然性がある場合も射程に含まれることになる．さらに，ある
コミュニティの人々に対する直接的損害だけでなく，他のコミュニティの人々
に利益を与えることによる間接的損害も含まれることも明記されている．

iii　諮問委員会の委員構成，議事等

　諮問委員会は，委員長と20人以下の委員によって構成され，そのうちの10
人までは，終身の常任委員にできる（憲法第69条第1A項）．委員長及び委員

は，大統領がその判断に基づき，内閣の助言に同意する場合に，大統領によって指名される（憲法第69条第2項）．これは，大統領の判断で内閣の助言に同意しない場合があり得ることを含意しており，通常の内閣の助言に基づく場合よりも，大統領の判断が尊重される仕組みとなっている[61]．

　なお，様々な民族の代表を諮問委員会の委員にするという考え方はとられなかった．その理由は，第一に，それによって諮問委員会が民族中心主義，セクト主義になることを恐れたからであり，第二に，諮問委員会は中立的な立場から真摯な意見を提出し，国会がそれを踏まえて政治的に決定するという国会と諮問委員会の役割分担を明確にするためであった[62]．

　諮問委員会の審議は非公開とされ，諮問委員会は証人尋問等の権限をもたない（憲法第84条）．大臣又は国会の事務局長は，諮問委員会の議事に参加できる（憲法第87条）．

　他方，諮問委員会の委員長及び委員の給与等は大統領が決定し（憲法第90条），諮問委員会は自ら職員を任用できる（憲法第91条）など，諮問委員会には一定の独立性が保障されている．

iv　法案のチェック

　諮問委員会の一般的な任務は，国会又は政府から付託された法案について，差別的手段となる条項があるかどうか等を議論し，国会に報告することである（憲法76条第1項）．そのため，法案の最終読会後で，かつ，大統領に提示する前に，国会議長は法案の写しを諮問委員会に送付しなければならない（憲法第78条第1項）．

　諮問委員会は，法案が送付されてから30日以内に，差別的手段となる条項が含まれるかどうか，含まれる場合にはどの条項が差別的手段となるかを議長に報告しなければならず（憲法第78条第2項），その期間内に報告をしなかった場合には，その法案には差別的手段となる条項はなかったものとみなされる（憲法第78条第5項）．

　諮問委員会が，法案の特定の条項が差別的手段となるとする報告（これを「反対報告」という）（憲法第68条）をした場合には，国会が必要な修正を行った上で，諮問委員会が修正後の法案には差別的手段となる条項は含まれないという報告をしない限り，その法案を大統領に提示することはできない（憲

法第78条第3項，第6項).

　ただし，これには，2つの例外がある．1つは，差別的手段となる条項が含まれているまま大統領に法案を提示する動議が国会議員の総数の3分の2以上の多数で可決された場合であり（憲法第78条第6項（c）），他の1つは，憲法上，そもそも諮問委員会手続が免除されている法案である（憲法第78条第7項).

　後者の法案としては，①租税財政法案（国の歳入，歳出等に関する内容のみからなる法案であり，その詳細は，憲法第68条で定義されている），②国防，公共の安全等に関することが証明された法案，及び③公共の利益にとって著しい緊急性のあることが証明された法案である．ただし，このうちの③については，大統領の同意を得た後に，諮問委員会のチェック手続が行われる（憲法第79条).

v　下位立法のチェック

　諮問委員会は，法律よりも下位の立法についてもチェックを行う．具体的には，すべての下位立法は，公布の日から14日以内に諮問委員会に送付される（憲法第80条第1項).　諮問委員会は，送付の日から30日以内に，その下位立法に差別的手段となる条項が含まれるかどうか，含まれる場合にはどの条項が差別的手段となるかを記した報告を議長及び担当大臣に対して行う（憲法第80条第2項).

　反対報告が行われた場合には，その条項を廃止・修正するか，又は，国会がその条項のままでいいことを確認する決議をしない限り，担当大臣は，その条項を廃止しなければならない（憲法第80条第4項).

　法案と違うのは，諮問委員会手続が免除される例外的場合がないこと，他方，差別的手段のままでいいとする国会の確認決議は，出席議員の過半数という通常の議決（憲法第57条）でいいことである．

vi　諮問委員会の特別な任務

　諮問委員会の一般的な任務は，付託があった法案をチェックすることだが，それとは別に，諮問委員会の特別な任務として，付託がなくても，法案又は下位立法が差別的手段に該当するかどうかを検討し，該当すると諮問委員会が考える場合には，その法案又は下位立法に対する注意を喚起することができる

（憲法第 77 条）．ただし，この場合には，あくまでも注意喚起にとどまり，諮問委員会の判断にそれ以上の強制力は与えられていない．

vii　問題点

この制度に対しては，次のような問題や課題が指摘されている．第一に，諮問委員会手続が免除される法案があるだけでなく，国会議員の 3 分の 2 以上の議決で反対意見を拒否できるので，実質的に強制力がないのと同じである．第二に，実際には，内閣自身も同じような観点から法案のチェックを行っているので，諮問委員会によるチェックは空洞化してしまいがちであり，諮問委員会は，マイノリティの利益保護を担保するための形式的存在でしかなくなっている．第三に，手続は非公開で，議事録も公表されず，年に一度，報告書が公表されるだけなので（憲法第 89 条），より透明で説明責任を果たせるような制度にすべきである[63]．

さらに，一般の人々は諮問委員会に対する調査を申し立てることができず，他方，諮問委員会がマイノリティの権利侵害一般について調査権をもたないという問題も指摘されている[64]．

（7）　マイノリティへの特別な配慮

ア　マイノリティへの特別な配慮規定と平等原則

i　憲法第 152 条と第 12 条

これまでは，マイノリティとしての少数民族保護のための制度についてみてきたが，シンガポール共和国憲法はさらに，マレー人などの民族的，宗教的マイノリティに対し特別な配慮を行うことを定めている．すなわち，憲法第 152 条第 1 項で「シンガポールにおける民族的，宗教的マイノリティの利益に配慮するのは，常に政府の責任である」と定めて，民族的，宗教的マイノリティ全体に対する政府の責任を定めただけでなく，同条第 2 項では「政府は，シンガポールの土着の人々であるマレー人の特別な地位を認めるような方法でその任務を果たすものとし，したがって，彼らの政治的，教育的，宗教的，経済的，社会的及び文化的利益並びにマレー語を守り，保護し，支え，育成し，増進するのは，政府の責任である」と定め，マレー人に対して政府が特別な責任を負うとしている．

　他方，シンガポール共和国憲法は，「何人も，法の前に平等であり，法の平等な保護を受ける権利を有する」と定め（憲法第12条第1項），さらに同条第2項では，「この憲法で明示的に認められた場合を除き，宗教，民族，血統又は出身地のみを理由として，いかなる法律においても……法の適用においても，シンガポール国民に対する差別があってはならない」と定めている．第1項が法の前の平等の一般原則を定め，第2項では，民族や宗教，血統，出身地のみを理由とする差別の禁止をより具体的に定めていることからして，後者が，マレーシアのブミプトラ政策のような特定の民族優遇策政策を否定するためのものであることは明らかであろう．

ii　両者の関係

　では，憲法第12条と第152条との関係をどう考えるべきだろうか．文言上，憲法第12条第1項は，個人に対する法の平等適用を定めているのに対し，同条第2項は，宗教，民族，血統又は出身地という個人が属する集団の特性のみを理由とする法律の内容及びその適用における差別を禁止している．他方，第152条も，集団としてのマイノリティに着目した規定なので，第12条第2項と第152条との関係をどう理解すべきかが問題になる．しかし，憲法12条第2項は「この憲法で明示的に認められた場合」を除外していることから，文言上は，両者の間に齟齬は生じない．そうだとしても，第12条で差別を禁止しておきながら，第152条で民族的，宗教的マイノリティの利益に配慮する政府の責任を定めていることをどう考えるのかという疑問は残る．

　この点について，ネオは，次のように述べている[65]．すなわち，第12条はマイノリティ保護の第一原則としての形式的な平等を定めているのに対し，第152条は第二原則としての実質的な平等の推進について定めている．憲法は，すべての個人に等しい権利を保障することがマイノリティの利益を保護することになるという立場をとっており，したがって，第152条は，マイノリティに集団的権利を保障したものではない．152条は，この憲法の枠組みとしては，将来の政府もシンガポールにおける人種的，宗教的マイノリティの利益を尊重し続けることを保障すると宣言している政治的なものであって，法的権利ではない．これは，マジョリティとマイノリティの利害の賢明なバランスという政治的マネジメント・アプローチの方法なのである．

イ　信教の自由とイスラム教の特別な地位

i　イスラム教に関する特別条項とその適用

　シンガポール共和国憲法は,「何人も,その宗教を信仰し,実践し,かつ,それを普及させる権利を有する」(憲法第15条第1項)と定めて,何らの留保をつけることなく信教の自由を保障している.これは,宗教が社会生活に介入しない世俗主義(secularism)の立場をとったとされている[66].しかし同時に,「立法府は,法律で,イスラム教の宗教的行事を規律する規定及びイスラム教に関する事項の大統領諮問委員会を設置する規定を設けるものとする」(憲法第153条)と定めている.宗教団体の自治権一般については憲法第15条第3項で定めているが,第153条は,それを超えて,イスラム教(Muslim religion)のための特別立法について定めており,これによって,イスラム教徒は,同じ国民であるにもかかわらず,一般法でなく,イスラム法に従うことができる制度的保障を与えられたことになる.換言すれば,憲法第153条は,国内法秩序の多元化を容認したのである[67].

　この憲法の規定を受け,1966年にイスラム法実施法(Administration of Muslim Law Act)が制定されている.その主な内容は,まず,シンガポールにおけるイスラム教及びイスラム教徒に関する事項を統括するイスラム宗教委員会(Majis Ugama Islam)を置き(同法第Ⅱ章),イスラム教に関する司法機関としてイスラム法廷(Syariah Court)を設置し(同法第Ⅲ章),結婚及び離婚(同法第Ⅵ章),相続(同法第Ⅶ章)に関する規定を設けている.これによって,シンガポールのイスラム教徒が,結婚,離婚及び相続に関しては,一般法ではなく,イスラム法に従うための法体制が整備された.この結果,一夫多妻婚(polygamy)も認められることになる[68].さらに,同法では,イスラム宗教委員会が,教会税(zakat and fitrah)の徴収,モスクの管理などのほか,ハラル(Halal)[69]の証明などを行うことも認めている.

　マレーシアは,連邦憲法で信教の自由を保障しつつも(マレーシア連邦憲法第11条),イスラム教(Islam)を連邦の宗教とし(同憲法第3条第1項),元首はイスラム教の指導者でなければならないと定めている(同憲法第34条第1項).これに対し,シンガポール共和国憲法には,国教に関する定めはなく,宗教のみを理由とする差別も禁止している(憲法第12条第2項).それにもか

かわらず，第153条でイスラム教のみを制度的に保障しているのはなぜだろう
か．

　これは，憲法第152条第2項で定めている「マレー人の……宗教的……利益
…を守り，保護し，支え，育成し，増進する」政府の責任の具体化と考えられ
る．したがって，第152条第2項に明記されているように，「土着の人々」で
あるというマレー人の特殊性がその理由となる．ちなみに，シンガポールにお
ける民族別の信仰割合をみると，中国人の場合は仏教が54%，キリスト教が
17%，インド人の場合はヒンズー教が55%，イスラム教が26%と同じ民族で
も複数の宗教を信仰しているのに対し，マレー人の場合はほぼ100%がイスラ
ム教を信仰している[70]．このようなマレー人とイスラム教の結びつきの強さに
加え，イスラム教は，独立前はマレーシア連邦の国教として特別な保護を受け
ており，それを信仰する多くのマレー人が独立後もシンガポール国民になった
という経緯がある．憲法委員会報告書では，現行の第152条第2項の特殊性を
認識した上で，1958年の自治州の憲法，1959年の完全な自治権下の憲法，さ
らにマレーシア連邦下のシンガポール州憲法にも同じ条文が置かれていたこ
と，これを継受することに対して特段の反対意見はないことをあげつつ，現行
の条文の変更は憲法委員会への付託事項ではないとして，これを事実上容認し
た[71]．

　しかし，憲法第12条と第152条が本質的に矛盾することは否定できない．
このため，実際には，両者の衝突が生じないように政府が介入し，説得と和解
によって民族間，宗派間の調和を維持するように努力している．例えば，1960
年代初頭に，イスラム教徒が拡声器で礼拝を呼び掛けることを認めるよう政府
に求めた事件では，政府は，仏教徒からの同じような要求は拒否したことを理
由に，すべての宗派が拡声器の使用をできるだけ制限するという共通のルール
を作ってこの問題を調停した．また，女生徒の親がイスラムのスカーフを被ら
せて学校に行かせたところ追放されたため，スカーフの禁止を法廷で争おうと
した事件では，政府は，イスラム宗教委員会などの力を借り，スカーフを着用
するよりも教育のほうが重要だという説得を行い彼らの理解を求めた．このよ
うに，政府は，権利の行使より，民族間，宗派間の調和を優先してきたとされ
る[72]．

ii 宗教と義務教育の関係

憲法は，宗教の自由の一環として，イスラム教に限らず，すべての宗教団体は，宗教的行事を行い，施設を建設・維持し，その他財産を取得等できると定めて（憲法第15条第3項），宗教団体の自治を認めている．また，教育に関する権利として，公的教育施設における宗教等を理由とする差別を禁止する（憲法第16条第1項）とともに，宗教団体が子どもの教育施設を建設・維持し，そこで宗教教育を行う権利を認め（憲法第16条第2項），18歳未満の者がどの宗教教育を受けるかはその親が決定できるとしている（憲法第16条第3項及び第4項）．

これらの憲法条項を前提に，2000年に成立した義務教育法（Compulsory Education Act）では，6歳から14歳までのすべての子どもは国の小学校に行かなければならないと定めつつ（同法第3条），大臣は，その例外を定めることができるとしている（同法第4条）．これを受け，イスラム教徒については例外が定められており，イスラム教徒の親は，その子どもをマドラサ（Madrasah）と呼ばれる，コーランを教え，アラビア語を使うイスラム教の宗教学校に行かせることができる．義務教育は，国民の一体性と統合を実現する上で重要であるにもかかわらず，このように重大な例外を認めているのである[73]．

しかし，このマドラサについても，2009年から，その生徒に国の試験である「小学校卒業検定」を受けさせなければならないという条件がつけられ，マレー人のイスラム教徒の生徒が定められた最低点をとれない場合には，卒業検定の基準を満たしたマドラサか，国の小学校に生徒を移さなければならないことにしたのである[74]．ここでも，イスラム教徒に対する例外扱いと義務教育の目的との調和のための政府の努力がみられる．

5 最後に

以上，シンガポールにおける多文化主義について，同国の建国から発展に至る歴史的経緯を踏まえた上で，それが現在のシンガポール共和国憲法においてどのような形で制度化されているかを概観してきた．

（1）　制度化された多文化主義の問題点

このように制度化された多文化主義に対しては，問題点も指摘されている．例えば，民族を中国人，マレー人，インド人，その他という4つのカテゴリーに単純化してカテゴライズしたことである．これは，各カテゴリーの異種（ヘテロ）を無視しており，その適用において問題を生じさせることになる．具体的には，インド人という民族とタミル語を公式にリンクさせたため，インド人にカテゴライズされた者は，その母語がタミル語でなくても，強制的にタミル語を学ばせられることになる．これは，インドの連邦公用語がヒンディー語であるにもかかわらず，タミル語を話す民族をシンガポールにおける民族的マイノリティとして認定したからである[75]．

さらに，弱者保護という観点からは，例えば難民や女性，子ども，障害者などマイノリティ民族以外の保護を必要とする者について，憲法は特段のカテゴリーを認めていない[76]という問題もある．

（2）　国家発展のための多文化主義

そもそも，シンガポールが多文化主義政策をとるに至ったのは，マレーシア連邦におけるマレー人優遇政策の否定が原点にあった．加えて，独立の時点で多民族社会であったという現実の下で各民族を特定の言語や文化に同化させるのには無理があったことから，多民族，多文化，多言語，多宗教を国家のイデオロギーとし，機会の平等と能力主義を国家政策の基本とすることによって，社会の安定と経済の発展を図ってきたのである[77]．

そういった意味では，シンガポールの多文化主義は，シンガポールという国家の成立ち，そして建国のときから多民族であったという現実を踏まえて，民族間の調和を図り，国家として民族を統合し，経済を発展させていくための現実的な選択であったことになる．それと同時に，多文化主義＝多言語主義をとりつつも，二言語政策を取り入れて英語を事実上の共通語としてグローバルな経済に適応できる社会基盤を整備し，また，集団代表選挙区（GRC）制度を導入してマイノリティ民族の代表を国会に送って多民族国家の政治的な安定を確保するなど，民族間のデリケートなバランスを保つための努力が行われてきている．

（3） 民族間のバランスという政治的マネジメント

　シンガポールは，建国から50年以上が経過した．しかし，北はマレー人の国マレーシア，南はマレー人が大半を占めるインドネシアに挟まれた，資源のない狭隘な国土という地政学的条件は変わらない．加えて，急速な少子化の進行による人口減，そして，それを補うための外国人労働力への依存という状況も変わらないであろう．

　現行のマイノリティ保護のための制度，特に憲法第152条のマイノリティ保護規定が，前記のような状況の下で，政治的安定と公の秩序の確保を目的とした，民族的マジョリティとマイノリティのバランスをとるための政治的マネジメント・アプローチであるとしても，憲法第152条第2項及び第153条の定めがマレー人の宗教的利益保護に偏っていることは否めない．しかし，それも，シンガポールの地政学的条件を考慮した政治的マネジメント・アプローチなのかもしれない．

　リー・クワンユーという希代の政治的リーダーを失った今，シンガポールが今後も先進国として発展を続けられるかどうかは，建国後に生まれた世代が，シンガポールの多文化主義の意義を理解し，民族間のデリケートなバランスを取り続けられるかどうかにかかっているといえよう．

(参考 3-3)　シンガポール共和国憲法（抄）（2020年12月現在）

第Ⅳ章　基本的自由

（中略）

（平等な保護）

第12条　(1) 何人も，法の前に平等であり，法の平等な保護を受ける権利を有する．

(2)　この憲法で明示的に認められた場合を除き，宗教，民族，血統又は出身地のみを理由として，いかなる法律においても，又は，公権力の下の公職又は雇用の任命についても，又は，財産の取得，所有，処分，若しくは貿易，ビジネス，職業，仕事，雇用の創設若しくは実施に関する法の適用においても，シンガポール国民に対する差別があってはならない．

(3)　本条は，次のものを無効にせず，又は禁止しない．

(a)　身分法を規律する規定，又は，

(b)　宗教上の業務若しくは宗教を信仰する集団によって運営される施設の業務に関

連する公職若しくは雇用を，その宗教を信仰する者に限定する規定又は実践

（中略）

（信教の自由）

第15条（1）何人も，その宗教を信仰し，実践し，かつ，それを普及させる権利を有する．

（2）何人も，自ら信じる宗教以外の宗教の目的のために，その収入の全部又は一部が特別に割り当てられる税の支払を強制されない．

（3）すべての宗教団体は，次の権利を有する．

（a）その宗教的行事を行うこと

（b）宗教的又は博愛的目的のために施設を建設し，維持すること，及び，

（c）法に従い，財産を取得し，所有し，かつ，それを保持し，管理すること

（4）本条は，公の秩序，公衆衛生又は道徳に関する一般法に反するいかなる行為も認めるものではない．

（教育に関する権利）

第16条（1）第12条の一般性を損なうことのないよう，次のことについてシンガポール国民に対する宗教，民族，血統又は出身地のみを理由とする差別があってはならない．

（a）公的主体によって運営される教育施設における管理，特に，生徒若しくは学生の入学又は授業料の支払

（b）教育施設における生徒又は学生の教育又は養護のための公的機関の基金からの財政的支援（公的機関によって運営されているかどうか，シンガポールの内外かどうかを問わない）

（2）すべての宗教団体は，子どもの教育のための施設を建設し，維持し，そこでその宗教教育を行う権利を有し，かつ，これらの施設に関する法律又はそれらの法律の執行において，宗教のみを理由とする差別があってはならない．

（3）何人も，その信じる宗教以外の宗教の教育を受け，その儀式に参加し，又は礼拝することを強要されない．

（4）第3項の目的のため，18歳未満の者の宗教は，その親又は監護者によって決定される．

（中略）

第VI章　立法府

（シンガポールの立法府）

第 38 条 シンガポールの立法権は，大統領と国会によって構成される立法府に委ねられる．

（国会）

第 39 条 (1) 国会は，次の者で構成される．

(a) 立法府によって制定された法律で定められた選挙区において総選挙で選出されることが求められる相当数の選出議員

(b) 政府を構成しない政党からの最小限の人数の代表を国会において確保するため，国会議員選挙に関する法律において立法府が定めた非選挙区議員と呼ばれる 12 人を超えない数の議員

(c) 附則第 4 条の定めに従って大統領によって指名された指名議員と呼ばれる 9 人を超えない数の議員

(2) 指名議員は，次の動議については投票できない．

(a) 憲法改正案

(b) 歳出法案，追加的歳出法案又は最終的歳出法案

(c) 第 68 条で規定する租税財政法案

(d) 政府の不信任案

(e) 第 22L 条による大統領の解任

(f) この憲法によって議決に必要な議員数から指名議員が除外されている案件

- -

附則第 4 条（筆者注：理解の便宜上，ここに移記した）

（国会の指名議員の指名）

第 1 条 (1) ［2010 年 7 月 1 日の法律によって削除］

(2) この憲法の規定に従い，大統領は，総選挙後の最初の国会から 6 カ月以内に，国会の特別選考委員会によって指名された者を国会の指名議員として指名するものとする．

(3) 国会の特別選考委員会は，国会議長及び国会の選出委員会で指名された 7 人の国会議員で構成される．

(4) 国会の指名議員に指名された者の任期は，第 46 条に従い，その指名の日から 2 年半とする．

（中略）

第 2 条 (1) 大統領によって指名議員として指名される者の名簿を作成するに際し，特別選考委員会は，委員会の指名の候補者として考慮されるべき者の名前につい

て国民一般から意見を求めるものとする.

（中略）

第3条（1）特別選考委員会は，第2項によって委員会に提示された者の名前の中から，国会の指名議員として大統領によって指名される9名以下の者を推薦するものとする.

（2）推薦される者は，著しく公益に尽くした者，共和国に栄誉をもたらした者，芸術，文学，文化，科学，ビジネス，産業，職業，地域福祉又は労働運動の分野で著名な者でなければならず，特別選考委員会は，推薦を行うに際し，自主的かつ党派を超えた観点から，推薦議員の必要性についてできる限り幅広い視点に立って評価しなければならない.

- -

（中略）

（集団代表選挙区）

第39A条（1）立法府は，マレー人，インド人及びその他のマイノリティ・コミュニティの代表を国会において確保するため，法律によって，次に関する規定を設ける.

（a）その選挙区の選挙人の人数を勘案し，集団代表選挙区として，いずれの選挙においても3人以上6人以下の候補者のグループによってその選挙区が構成できるように大統領によって宣言されるいくつかの選挙区

（b）第44条で定める資格に加え，第2項で規定する事項を含んだ集団代表選挙区の被選挙人としての資格

（2）第1項に基づく法律は，次のことについて定めなければならない.

（a）大統領がすべての集団代表選挙区について次のとおり指定すること

（ⅰ）すべてのグループにおける少なくとも一人の候補者がマレー人コミュニティに属する者であること，又は，

（ⅱ）すべてのグループにおける少なくとも一人の候補者がインド人又はその他のマイノリティ・コミュニティに属する者であること

（b）集団代表選挙区におけるすべての選挙を目的として，次の委員会を設けること

（ⅰ）立候補を希望する者がマレー人コミュニティに属するかどうかを決定する委員会，及び，

（ⅱ）立候補を希望する者がインド人又はその他のマイノリティ・コミュニティに属するかどうかを決定する委員会

(c) 各グループのすべての候補者が，その選挙のために立候補した政党と同じ政党
　のメンバーであるか，又はグループとして立候補した無党派の候補者であること
(d) 総選挙においてすべての集団代表選挙区で選ばれる者の最少及び最大の議員の
　数，及び，
(e) （a）（ⅰ）として指定される集団代表選挙区の数
(3)　本条に従って作成されたいかなる法律も，第12条に反するという理由で無効
　にされることはなく，第78条の下で差別的手段とみなされることもない．
(4)　本条において，
「選挙」とは，国会議員を選ぶための選挙をいう．
「グループ」とは，すべての集団代表選挙区において，3人以上6人以下の候補者が
選挙のために指名された集団をいう．
「マレー人コミュニティに属する者」とは，マレー民族かどうかにかかわらず，マ
レー人コミュニティのメンバーだと自ら認識し，かつ，マレー人コミュニティに
よってそのメンバーとして一般的に受け入れられている者をいう．
「インド人又はその他のマイノリティ・コミュニティに属する者」とは，インド出身
の者で，インド人コミュニティのメンバーだと自ら認識し，かつ，インド人コミュ
ニティによってそのメンバーとして一般的に受け入れられている者，又は，マレー
人若しくはインド人コミュニティ以外のマイノリティ・コミュニティに属する者を
いう．
(中略)
(国会議員の資格)
第44条 (1) 国会議員は，この憲法の規定に従って選ばれ，若しくは指名される資
　格を有し，かつ，シンガポールにおいて効力を有する法律の定めに従って選ばれ，
　又は附則第4条に従って指名された者でなければならない．
(2)　次に該当する者は，国会議員として選ばれ又は指名される資格を有する．
(a) シンガポール国民であること
(b) 指名の日に21歳以上であること
(c) 有効な選挙人名簿にその名前が登載されていること
(d) 選挙のための指名の日にシンガポールに居住しており，その日の前に通算して
　10年以上シンガポールに居住していたこと
(e) 国会での活動を十分に行える程度に，英語，マレー語，中国語及びタミル語の
　うちの少なくとも1つの言葉を話し，盲目その他の身体上の理由により不可能で

ない限りは，読み及び書けること

（中略）

（国会における言語の使用）

第53条 立法府が別に定めるまでは，国会におけるすべての討論と審議は，マレー語，英語，中国語又はタミル語で行われなければならない．

（中略）

第Ⅶ章 マイノリティの権利のための大統領諮問委員会

（この章における解釈）

第68条 文脈上他に解釈すべきでなければ，この章の解釈は，次による．

「反対報告」とは，委員会の意見として，法案又は下位立法の特定の条項が差別的手段となることを述べた委員会の報告をいう．

（中略）

「差別的手段」とは，ある民族的又は宗教的コミュニティの人々に対し不利益となり，又は，それが実際に適用されることによって不利益となりそうなあらゆる手段であって，かつ，他の同じようなコミュニティの人々と平等に不利益になるのではないことをいい，それらのコミュニティの人々に損害を与えることによる直接的なものであるか，又は，他のコミュニティの人々に利益を与えることによる間接的なものであるかを問わない．

「租税財政法案」とは，次の事項の全部又は一部のみからなる法案をいう．

(a) 税金の課税，廃止，減免，修正又は調整

(b) 負債の支払その他の財政目的のための国債整理基金その他の公的基金による負担引受又はそれらの負担引受の変更若しくは廃止

(c) 政府，公的主体又は法人に対する金銭の譲与，それらの変更又は撤回

(d) 公的資金勘定における支払，受入，保管，投資，貸出又は監査

(e) 公債の募集若しくは保証又はその返済，又はそれらの公債のための減債基金の設立，変更，管理若しくは廃止

(f) 前記の事項に付随する事項

（マイノリティの権利のための大統領諮問委員会の設置）

第69条 (1) マイノリティの権利のための大統領諮問委員会は，次の者によって構成されるものとする．

(a) 任期3年で任命された委員長

(b) 20人以下の委員

(1A) 10人までの委員は，終身の常任委員にすることができる．

(1B) 終身でない場合には，委員の任期は3年とする．

(2) 委員長及び委員は，大統領がその判断に基づき，内閣の助言に同意する場合に，大統領によって指名される．

(3) 第1B項によって指名された委員長及び委員は，再任されることができる．

(中略)

(委員の資格)

第71条 委員として指名されるためには，次の要件を満たさなければならない．

(a) シンガポール国民であること

(b) 35歳以上であること

(c) シンガポールに居住していること，及び，

(d) 第72条の欠格事由に該当しないこと

(中略)

(委員会の一般的任務)

第76条 (1) 委員会の一般的任務は，シンガポールの民族的，宗教的コミュニティの人々に影響を及ぼす事項として国会又は政府によって委員会に付託されたものについて議論し，報告をすることである．

(2) 国会による委員会への付託は議長によってなされ，また，政府による委員会への付託は大臣によってなされる．

(法案及び下位立法に関する委員会の任務)

第77条 法案又は下位立法が差別的手段であると委員会が考える場合に，その法案又は下位立法に対する注意を喚起するのは，委員会の特別な任務である．

(法案の写しの委員会への送付及びその修正)

第78条 (1) 本条が適用される法案の最終読会が開かれ，国会を通過したら直ちに，かつ，同意を得るために大統領に提示される前に，議長は，法案の正式な写しを委員会に送付しなければならない．

(2) 委員会は，法案を議論し，法案が委員会に送付されてから30日以内に，委員会の意見として，その法案に差別的手段となる条項が含まれているか否か，含まれている場合には，施行されるとどの条項が差別的手段となるかを記した報告を議長にしなければならない．

(3) 委員会から反対報告を受けた後，それに関する法案が国会によって修正されたときは，議長は，修正された法案を委員会に送付するものとする．

(4)　委員長の申し入れを受け，議長は，適切と判断する場合には，法案の長さ若し
くは複雑さ又は委員会によって議論される事項の数その他の理由を勘案し，第2
項で定める30日の期間を適当と認める期間に延長することができる．

(5)　議長は，第2項に従って委員会から議長に出された報告を遅滞なく国会に報告
するものとする．第2項で定める期間又は第4項に基づいて延長された期間内に
議長がその法案に関する報告を受けなかった場合には，それが施行されたとして
もその法案のいかなる条項も差別的手段ではないというのが委員会の意見である
と確定的にみなされる．

(6)　本条が適用される法案は，次のことを記した議長の署名のある証明が添付され
ていなければ，同意のために大統領に提示されることはない．

(a)　委員会の意見において，それが施行されてもその法案のいかなる条項も差別的
手段ではないこと

(b)　前記の期間又は延長された期間内に委員会から報告がなされなかったため，実
施されてもその法案のいかなる条項も差別的手段ではないというのが委員会の意
見であるとみなされたこと，又は，

(c)　施行されるとその法案の特定の条項が差別的手段になるにもかかわらず，国会
議員の総数の3分の2以上の多数で同意のために大統領に提示する動議が可決さ
れたこと

(7)　本条は，次の法案には適用されない．

(a)　租税財政法案

(b)　シンガポールの国防若しくは安全又はシンガポールにおける公共の安全，平和
若しくは公序に関するものであることが首相によって証明された法案，又は，

(c)　その執行が遅れると公共の利益にならない著しい緊急性があることが首相に
よって証明された法案

(中略)

(緊急の証明がされて施行された法案に関する委員会の任務)

第79条 (1) 第78条第7項により首相によって緊急性が証明された法案に大統領が
同意した場合には，議長は，その法案の正式な写しをできる限り速やかに委員会
に送付しなければならない．

(2)　委員会は，直ちに法案を議論し，その法案が委員会に送付されてから30日以
内に，委員会の意見として，法案に差別的手段となる条項が含まれているか否か，
もし含まれる場合にはどの条項が差別的手段となるかを記した報告を議長にしな

ければならない.

(3)　議長は, その報告をできるだけ速やかに国会に報告するものとする.

(下位立法に関する委員会の任務)

第 80 条　(1)　すべての下位立法の正式な写しは, その公布から 14 日以内に担当大臣から委員会に送付されるものとする.

(2)　委員会は, 直ちに下位立法を議論し, その送付から 30 日以内に, 委員会の意見として, それが差別的手段かどうか, 含まれる場合にはその下位立法のどの条項が差別的手段となるかを記した報告を議長及び担当大臣にしなければならない.

(3)　議長は, 委員会の報告を受けた後の次の会期に, 下位立法に関する委員会のすべての報告を国会に報告しなければならない.

(4)　第 3 項に従い下位立法に関する反対報告が国会に提出された場合には, 6 カ月以内に次の措置がとられなければ, 担当大臣はその条項を廃止し, その旨を官報に掲載しなければならない.

(a)　その条項が担当大臣によって廃止又は修正される, 又は,

(b)　国会がその条項を確認する決議を可決する.

(5)　第 2 項で定める期間内に下位立法に関する委員会の報告を受けなかった場合には, その下位立法のいかなる条項も差別的手段ではないというのが委員会の意見であると確定的にみなされる.

(中略)

(定足数及び投票)

第 83 条　(1)　委員会は, 委員長又は司会を行う委員を含めた 8 人の委員の定足数の出席がなければ開催できない.

(2)　委員会での議決は, 出席し, 投票した委員の過半数で決する.

(中略)

(委員会の議事録の非公開)

第 84 条　委員会の議事は非公開とし, 委員会はこの章の規定に基づき議論している法案又は立法に関して反対者の意見を聴き又は証人を尋問する権限はない.

(委員会報告)

第 85 条　この章の規定によって委員会の意見を報告する場合には, 委員会は, 次のことについて述べなければならない.

(a)　その報告が全員一致かどうか, 又は賛成若しくは反対の数, 及び,

(b)　反対報告の場合には, 委員会がその結論に達した理由

（中略）

（大臣の陪席）

第87条　大臣又は国会の事務局長は，首相の特別の許可を得て，委員と同じように，委員会の議事に立ち会い，参加することができる．ただし，委員会で投票する権利はない．

（委員会の手続に関する規則制定権）

第88条　この憲法の規定に従い，諮問委員会は，手続の規制及び管理，任務の迅速な遂行に関する規則を制定することができる．ただし，大統領によって承認されるまでは，これらの規則は効力を生じない．

（年次報告）

第89条（1）委員会は，毎年一回，直近12カ月間の委員会の業務の報告書を編集し，大統領に提出しなければならない．

（2）　大統領は，その報告書をできる限り速やかに国会に報告しなければならない．

（給与及び手当）

第90条（1）委員長及びその他の委員には，大統領が決定した給与と手当が支払われる．

（2）　第1項によって支払われる給与及び手当は，国会が定めた資金から支出される．

（職員の任用）

第91条　委員会は，この章における委員会の任務を果たすために必要な委員会の書記その他の職員を任用する権限を有する．

（一般的規則制定権）

第92条　大統領は，委員会と国会の間及び委員会と下位立法の権限を有する当局との間の任務遂行のための規則を制定することができる．

第Ⅹ章　国籍

（シンガポール国民の地位）

第120条（1）シンガポール国民として知られる地位がある．

（2）　シンガポール国民の地位は，以下の場合に取得できる．

（a）出生

（b）血統

（c）登録又はこの憲法施行前の国民名簿登載

（d）帰化

（出生による国籍）

第 121 条　(1) 1963 年 9 月 16 日より後にシンガポールで生まれたすべての者は，本条によって，出生によるシンガポール国民となる．

(2)　出生のとき次に該当する者は，第 1 項によるシンガポール国民ではない．

(a) シンガポール国民ではない父が，大統領に宛てた信任状によって全権公使として認証され，外交官免責特権を有しているとき

(b) 父が敵国の外国人であり，かつ，敵の占領下で出生したとき

(c) 父母がともにシンガポール国民でないとき

(3)　第 2 項（c）にかかわらず，政府は，法を適用するときの状況を総合的に勘案し，それが公正で正義にかなうと判断したときは，シンガポールで生まれた子に対して国籍を与えることができる．

（血統による国籍）

第 122 条　(1) 1963 年 9 月 16 日より後にシンガポール以外で生れた者は，出生のとき次のいずれかに該当する場合には，第 2 項及び第 3 項の規定に従い，血統によるシンガポール国民となる．

(a) 2004 年の法律によって改正されたシンガポール共和国憲法第 7 節の施行前に生まれた場合に，その父が出生又は登録によるシンガポール国民である場合

(b) 2004 年の法律によって改正されたシンガポール共和国憲法第 7 節の施行以降に生まれた場合に，その父又は母が出生，登録又は血統によるシンガポール国民である場合

(2)　シンガポール以外で生まれた者は，次のいずれにも該当するのでなければ，第 1 項で定める血統によるシンガポール国民にはならない．

(a) その出生が，所定の手続によって，国籍簿又はシンガポールの在外公館に，出生後 1 年以内又は政府が認めた期間内に登録されたこと，及び，

(b) 次の場合に応じ，その国で生まれたことを理由として，出生国の国籍を取得しないこと

（中略）

(3)　第 2 項の規定にかかわらず，シンガポール以外で生まれた子であって，父又は母がその子の出生のとき血統によるシンガポール国民である者は，血統による国民である親が合法的に次の期間シンガポールに居住していたのでなければ，第 1 項で定める血統によるシンガポール国民ではない．

(a) その子の出生以前に継続し又は通算して 5 年以上

(b) その子の出生の直前 5 年間のうち継続し又は通算して 2 年以上

(4) 血統によるシンガポール国民となった未成年の子は，21 歳に達してから 12 カ月以内に附則第 2 条に示されている方法によって権利放棄及び献身と忠誠の誓いを行い，政府が求める場合には外国の市民権又は国籍を離脱するのでなければ，22 歳に達したときにシンガポール国民でなくなる．

（登録による国籍）

第 123 条 (1) シンガポールに居住している 21 歳以上の者は，所定の手続で申請し，次の要件を満たすと政府が認めれば，この憲法の規定に従い，シンガポール国民として登録される．

(a) 善き性格であること

(b) 申請直前の 12 カ月間シンガポールに居住していたこと

(c) 申請直前の 12 年の間に通算して 10 年以上シンガポールに居住していたこと．ただし，申請者が次のいずれかに該当するときは，政府は，本文の適用を免除できる．

(ⅰ) 申請者が申請の直前 6 年の間に通算して 5 年以上シンガポールに居住していた場合

(ⅱ) そのような申請者に国籍を与えるのがふさわしいと政府が考える特別な場合

(d) シンガポールに永住する意図があること，かつ，

(e) マレー語，英語，中国語及びタミル語のいずれか 1 つについて基礎的な知識を有すること．ただし，申請者が 45 歳以上か又は耳が聞こえず若しくは口がきけないときは，政府は，その適用を免除できる．

(2) シンガポール国民と結婚した女性は，所定の手続で申請し，次の要件を満たすと政府が認めれば，この憲法の規定に従い，シンガポール国民として登録される．

(a) 申請の日の直前の 2 年以上継続してシンガポールに居住していたこと

(b) シンガポールに永住する意図があること，かつ，

(c) 善き性格であること

（登録の効果）

第 125 条 第 126 条に従い，第 123 条又は第 124 条によってシンガポール国民として登録された者は，登録の日からシンガポール国民となる．

（登記に関する一般規定）

第 126 条 (1) 何人も，附則第 2 条に示されている方式によって権利放棄及び献身と忠誠の誓いを行うまでは，第 123 条によってシンガポール国民として登録されな

い.

（中略）

（帰化による国籍）

第127条 (1)　シンガポール国民でない21歳以上の者の申請に対し，次の要件を満たすと判断すれば，政府は，第4項に従い，帰化の許可を与えることができる.

(a)　その者がシンガポールに所定の期間居住しており，かつ，許可が与えられたときは永住する意図があること

(b)　その者が善き性格であること，かつ，

(c)　その者が国語について適切な知識を有していること

(2)　帰化の許可に必要なシンガポールでの居住期間は，申請日の直前12年間のうち通算して10年間以上であり，かつ，その中に申請日直前の12カ月を含むものでなければならない.

(3)　帰化の許可が与えられた者は，許可が与えられた日から帰化によるシンガポール国民となる.

(4)　その者が附則第2条に示されている方式によって権利放棄及び献身と忠誠の誓いを行うまでは，帰化の許可は与えられない.

（国籍の放棄）

第128条 (1)　21歳以上で健全な精神のシンガポール国民であって，他の国の国民になろうとする者は，政府に登録された宣言によってシンガポールの国籍を放棄し，その登録によってシンガポール国民であることを止めることができる.

(2)　政府は，次の場合には，本条による宣言の登録を保留できる.

(a)　宣言が，シンガポールが参加している戦争の間に行われた場合

(b)　宣言が，徴兵法の対象となった者によって行われた場合. ただし，次の場合は除く.

(ⅰ)　その者が徴兵法12節による満期の兵役を果たしたとき

(ⅱ)　満期の兵役に代えて徴兵法第13節による少なくとも3年間の国家サービスを行ったとき，又は，

(ⅲ)　政府が定めたその他の条件を満たしたとき

(3)　本条は，21歳以上の者に適用されるのと同様に，21歳未満で既婚の女性にも適用される.

（国籍のはく奪）

第129条 (1)　登録又は帰化によるシンガポール国民は，本条に従い政府から出され

た命令によって国籍をはく奪されたときは，シンガポール国民でなくなる．

(2) 政府は，登録又は帰化の許可が次に該当する場合には，命令によって，国民から国籍をはく奪できる．

(a) 詐欺，虚偽の表示又は重要な事実の隠匿によって取得された場合，又は

(b) 誤って登録され，又は許可された場合

(3) 政府は，次の場合には，命令によって，国籍をはく奪できる．

(a) 帰化によるシンガポール国民が，次に該当する場合

(ⅰ) シンガポールに対する不忠実又は不信を行動又は言論によって表明した場合

(ⅱ) シンガポールが参加した戦争の間に，非合法に敵と取引若しくは連絡し，又はその戦争で敵を援助することになるやり方でビジネスを行い，若しくは加担した場合

(b) 登録又は帰化によるシンガポール国民が，次に該当する場合

(ⅰ) 他の国で1年以上の懲役又は5千ドル若しくはこれに相当する額以上の罰金の有罪判決を受け，その罪について恩赦を受けなかった場合

(ⅱ) 登録又は帰化を受けた後に，シンガポールの安全，公共の秩序の維持，重要な公共サービスの維持その他公共の安全，平和又は秩序を害する犯罪的活動に参加した場合

(4) 政府は，帰化による国民であって，政府の許可なく，外国，その政治的組織若しくはそれら外国の代理人の職，官職又は雇用であって，それらに対する忠誠の誓いが求められるものの義務を受け入れ，奉仕し，実行した者の国籍を，命令によって，はく奪できる．（中略）

(5) 政府は，命令によって，帰化によるシンガポール国民であって，継続して5年間通常は外国で居住しており，その間，次のいずれにも該当しない者の国籍をはく奪できる．

(a) シンガポール政府の業務又は政府が加盟している国際機関の業務に従事していた，又は，

(b) 国籍を保持する意向を毎年領事館に登録していた．

(6) 政府は，命令によって，第123条第2項の登録によるシンガポール国民であって，配偶者の死亡以外の理由で，婚姻の日から2年以内に登録の理由となった婚姻を解消した女性の国籍をはく奪できる．

(7) 何人も，その者がシンガポール国民であり続けることが公共の利益のためにならないと政府が判断しない限り，本条又は憲法第130条によって国籍をはく奪さ

れない．また，国籍のはく奪によってその者がいずれの国の国民にもならないと
政府が判断した場合には，何人も，本条第2項（b），第3項（a）（b）（ⅰ），第4
項，第5項又は第130条によって国籍をはく奪されない．

（中略）

（外国の国籍取得による国籍のはく奪）

第134条（1）政府は，次の場合には，命令によって，シンガポール国民からその国
籍をはく奪できる．

(a) その者が，1960年4月6日より後の18歳以降に，登録，帰化その他の任意かつ
公式な手続（結婚を除く）によって，シンガポール以外の国の国籍を取得し，又
は18歳になる前に外国の国籍を取得して18歳以降も保持している場合，又は，

(b) 第123条第2項の登録によってシンガポール国民となった女性が，シンガポー
ル国民以外の者と結婚してシンガポール以外の国の国籍を取得した場合

(2)　政府が本条に基づきシンガポールの国籍をはく奪する命令を出した場合には，
その者は，その命令の日からシンガポール国民の資格を失う．

（外国国民としての権利行使による国籍のはく奪）

第135条（1）政府は，次の場合には，命令によって，シンガポール国民からその国
籍をはく奪できる．

(a) その者が，18歳に達して以降，1960年4月6日より後に，自らの意思に基づき
シンガポール以外の国の法律によって，その国の国民だけに排他的に認められる
権利（パスポートの使用に関する権利以外のもの）を主張し及び行使した場合

(b) その者が，18歳に達して以降，1960年4月6日より後に，シンガポール以外の
国の当局にパスポートの発行又は再発行を申し込み，又は，そのような当局が発
行したパスポートを旅行に使用した場合，又は，

(c) その者が18歳以上であり，かつ，18歳に達する前後を問わず，継続して10年
以上（1986年1月2日より前のシンガポール以外での居住期間を含む）日常的に
シンガポール以外に居住している場合であって，次のいずれかに該当する場合

(ⅰ) その間又はその後も，シンガポール当局が発行した身分証明書又は旅行書類に
よってシンガポールに入国したことがない．

(ⅱ) その間，政府又はシンガポールが加盟している国際機関又は大統領が官報で公
示したその他の機関で勤務したことがない．

(2)　シンガポール以外での政治上の投票権の行使は，第1項（a）の適用に関して
は，その土地の法律の下での自発的な権利の主張及び行使とみなされる．

(3) 政府が本条に基づきシンガポールの国民からその国籍をはく奪する命令を出した場合には，その者は，その命令の日からシンガポール国民の資格を失う．

(中略)

第XIII章 一般的規定

(マイノリティ及びマレー人の特別な地位)

第152条 (1) シンガポールにおける民族的，宗教的マイノリティの利益に配慮するのは，常に政府の責任である．

(2) 政府は，シンガポールの土着の人々であるマレー人の特別な地位を認めるような方法でその任務を果たすものとし，したがって，彼らの政治的，教育的，宗教的，経済的，社会的及び文化的利益並びにマレー語を守り，保護し，支え，育成し，増進するのは，政府の責任である．

(イスラム教)

第153条 立法府は，法律で，イスラム教の宗教的行事を規律する規定及びイスラム教に関する事項の大統領諮問委員会を設置する規定を設けるものとする．

(公用語及び国語)

第153A条 (1) マレー語，中国語，タミル語及び英語は，シンガポールにおける4つの公用語である．

(2) 国語は，マレー語とし，ローマ字で書かれる．

(a) 何人も，他の言語を使い，教え又は学ぶことを禁止され，又は妨げられない．また，

(b) 本条で書かれたことは，政府がシンガポールにおける他のコミュニティの言語の使用及び学習を保護し，維持する権利を害さない．

注

1) 「ブミプトラ」という言葉は，1966年に成立したマレー人振興公社（Majlis Amanah Rakyat：MARA）を設立する法案の審議を行った1965年の議会で用いられたのが最初とされている．

2) Thio, Li-ann, *A Treatise on Singapore Constitutional Law*, Academy Publishing, 2012, p. 213.

3) Singh, Bilveer. *Politics and Governance in Singapore : An Introduction, 2nd Edition*, McGraw Hill, 2012, pp. 113-114.

4) The World Bank, GDP per capita (current US$)-Singapore, Japan. https://data.worldbank.org/indicator/NY.GDP.PCAP.CD?locations＝SG-JP.(2020.12.11 アクセス)

5) Singapore Government, *Population in brief 2020*, https://www.strategygroup.gov.sg/files/media-centre/publications/population-in-brief-2020.pdf.（2020.12.05 アクセス）

6) Ｓパスとは，技術者などの中級レベルの技能労働者に与えられ労働許可証で，この許可証を得るためには，月 2,500 シンガポールドル（以下，特に断らない限り，ドルとはシンガポールドルを表す）以上の固定収入があり，かつ，それに関係する資格と仕事の経験があることが必要になる．

7) 雇用パスとは，外国の専門家，マネージャー及びエグゼクティブなどで，月に少なくとも 4,500 ドルを稼ぐ必要がある．

8) 内閣府『令和 2 年版少子化社会対策白書』10 頁．同書によると，アジアの中で日本よりも合計特殊出生率が低い国は，シンガポールの他，台湾（1.07），香港（1.06），韓国（0.98）となっている．

9) Singapore Government, *op. cit.*, p. 20.

10) ユーラシアンとは，ヨーロッパ人（European）とアジア人（Asian）の混血を意味するが，ヨーロッパ人といっても，シンガポール支配の年代に応じて，ポルトガル人，スペイン人，ドイツ人，イギリス人などがいる．https://en.wikipedia.org/wiki/Eurasians_in_Singapore（2020.12.05 アクセス）

11) 以下，特に断らない限り，https://en.wikipedia.org/wiki/History_of_Singapore（2020.12.05 アクセス）及び岩崎育夫『物語シンガポールの歴史』（中公新書，2013 年）による．

12) トーマス・スタンフォード・ラッフルズ（1781-1826）．14 歳でイギリス東インド会社の事務員となり，1817 年から 1822 年までスマトラ島のイギリス植民地ベンクーレンの総督を務めた．この間，1819 年にシンガポール島を発見したことで知られる．マレー語に堪能で，1817 年には The History of Java という本も出版している．https://en.wikipedia.org/wiki/Stamford_Raffles#Establishment（2020.12.05 アクセス）

13) 海峡植民地とは，マレー半島に分散して位置するマラッカ（Malacca），ディンディン（Dinding），ペナン（Penang）及びシンガポールの 4 つのイギリスの植民地をいう．1826 年にイギリスの東インド会社によって支配が始まった．https://en.wikipedia.org/wiki/Straits_Settlements（2020.12.05 アクセス）

14) このようにして処刑された者の人数は，はっきりしない．林博史『シンガポール華僑粛清—日本軍はシンガポールで何をしたのか』（高文研，2007 年）155-170 頁では，日本側の資料では 5,000 人から 2 万 5,000 人，シンガポール側の資料では約 5,000 人から約 5 万人とされ，萩原宜之『ラーマンとマハティール—ブミプラの挑戦』（岩波書店，1996）48 頁では，シンガポールだけで少なくとも 2 万人に及んだとされている．また，https://en.wikipedia.org/wiki/History_of_Singapore（2020.12.05 アクセス）では，マラヤ及びシンガポールで 2 万 5 千人から 5 万人とされている．

15) Thio, Eunice. "The Syonan Years, 1942-1945", edited by. Chew, Ernest C. T and Lee, Edwin, *A History of Singapore*, Oxford University Press, 1991, pp. 98-102 及び萩原・前掲注（14）50-51 頁．

16) Thio, *op. cit.*, p. 101.

17) https://en.wikipedia.org/wiki/Malaysia#History（2020.12.05 アクセス）

18) デヴィッド・マーシャル（1908-1995）．シンガポールの政治家で法律家．ロンドン大学

卒業後，イギリス軍に志願兵として参加し，日本軍の捕虜となった．戦後，労働戦線を率いて部分的自治政府の首相となる．https://en.wikipedia.org/wiki/David_Marshall_(Singaporean_politician)（2020.12.06 アクセス）

19) リム・リュー・ホック（1914-1984）．中国系の政治家．事務職員として働いた後労働運動に参加し，進歩党を経て，マーシャルとともに労働戦線を結成した．https://en.wikipedia.org/wiki/Lim_Yew_Hock（2020.12.06 アクセス）

20) リー・クワンユー（1923-2015）．ケンブリッジ大学卒業後弁護士となり，1954 年に他の2人とともに人民行動党を設立した．1959 年に首相となってから 30 年以上シンガポールを統治し続け，建国の父と呼ばれる．首相退任後も，上級相（Senior Minister）（1990-2004），内閣顧問（Minister Mentor）（2004-2011）を歴任した．この間，シンガポールを発展途上国から先進国に引き上げたが，同時に，独裁主義的で反対意見を認めなかったという批判もある．https://en.wikipedia.org/wiki/Lee_Kuan_Yew#Controversies（2020.12.06 アクセス）

21) トゥンク・アブドゥル・ラーマン（1903-1990）．マレーシアの政治家で，独立以前の1955 年からマラヤ連邦の首相（Prime Minister）の地位にあり，1957 年の独立後も1970 年まで首相を務めた．マレーシアの建国の父と呼ばれる．https://en.wikipedia.org/wiki/Tunku_Abdul_Rahman（2020.12.06 アクセス）

22) Wan, Yeo Kim. and Lau, Albert. "From Colonialism to Independence, 1945-1965" edited by Chew, Ernest C.T. and Lee, Edwin. *A History of Singapore*, Oxford University Press, 1991, p. 142.

23) https://en.wikipedia.org/wiki/Constitution_of_Malaysia（2020.12.06 アクセス）

24) Wan and Lau, *op. cit.*, pp. 145-147.

25) *Ibid*, p. 149.

26) 特に注記しない限り，本節の内容は https://en.wikipedia.org/wiki/Bumiputera_（Malaysia）（2020.12.07 アクセス）によるが，小野沢純「ブミプトラ政策―多民族国家マレーシアの開発ジレンマ」マレーシア研究第 1 号（2012 年）2-36 頁も参考にした．

27) 市民権や教育，民主主義，マレー人の優位性といったマラヤにおける異民族間のセンシティブな問題を協議するため，独立前の 1949 年にイギリスの統治者によって設置された委員会であり，各民族の主要な政治家によって構成された．https://en.wikipedia.org/wiki/Communities_Liaison_Committee（2020.12.06 アクセス）

28) マレーシア連邦は立憲君主制であり，Yang di-Pertuan Agong と呼ばれる元首（Supreme Head of the Federation）を置いている．元首は，統治者（Ruler）会議で互選され，その任期は 5 年とされている（マレーシア連邦憲法第 32 条）．同憲法第 153 条では，条文上は Yang di-Pertuan Agong と表記されているが，理解の便宜のため，本章では元首と訳した．

29) マレーシア連邦憲法第 153 条の注記による．

30) 第 40 条は，内閣又は大臣の助言に従って必要な助言を行うという Yang di-Pertuan Agong の役割について定めた条文である．

31) 第Ⅹ編は，公共サービス（public services）に関する編であり，司法及び法律サービス委員会（Judicial and Legal Service Commission），公共サービス委員会（Public Services Commission），警察委員会（Police Force Commission）及び教育サービス委員会

（Education Service Commission）の４つの委員会について定めている．

32）萩原・前掲注（14）105-113 頁．

33）アブドゥル・ラザク・フセイン（1922-1976）．マレーシアの政治家．イギリスで弁護士資格を取得して帰国した後，統一マレー人国民組織（UMNO）に加入．5 月 13 日事件の後で設けられた国家運営評議会（National Operations Council）の議長となった後，1970 年から 76 年まで首相を務めた．https://en.wikipedia.org/wiki/Abdul_Razak_Hussein（2020.12.07 アクセス）

34）https://en.wikipedia.org/wiki/13_May_Incident（2020.12.06 アクセス）

35）https://en.wikipedia.org/wiki/Malaysian_New_Economic_Policy（2020.12.06 アクセス）

36）マレーシアの人口は，2020 年現在 3,266 万人で，そのうちマレーシア国民が 2,970 万人，国民以外の居住者が 296 万人となっている．国民の民族別構成割合は，ブミプトラ 69.6%，中国系 22.6%，インド系 6.8%，その他 1.1% となっている．民族別構成割合が公表されている最も古い 1980 年時点の人口は 1,390 万人で，民族別構成割合はブミプトラ 57%，中国系 32%，インド系 9%，その他 2% となっており，これ以降人口が急速に増加し，同時にブミプトラの割合も増加していることが分かる．Department of Statistics Malaysia, Official portal, https://www.dosm.gov.my/v1/index.php（2020.12.07 アクセス）

37）National Economic Advisory Council, *New Economic Model for Malaysia*, 2009, pp. 89, 135. ブミプトラ政策の効果と問題点については，小野沢純「マレーシア・ブミプトラ政策の行方」世界経済評論 682 号（2016）67-74 頁参照．

38）Neo, Jaclyn Ling-Chien. "The protection of minorities and the Constitution-A judicious balance？", *Evolution of a Revolution Forty years of the Singapore Constitution*, Routledge-Cavendish, 2009, pp. 237-238.

39）Singh, *op. cit.,* p. 114.

40）Constitutional Commission, *Report of the Constitutional Commission 1966.*

41）https://en.wikipedia.org/wiki/Constitution_of_Singapore（2020.12.07 アクセス）邦語の文献として，野畑健太郎『シンガポール憲法史』（一学舎，2016 年）がある．

42）Constitutional Commission, *op. cit.,* p. 11.

43）Neo, *op. cit.,* pp. 241-242.

44）Constitutional Commission, *op. cit.,* p. 6.

45）Neo, *op. cit.,* pp. 246-247.

46）*Ibid.,* p. 250.

47）Parliamentary Elections Act（Original Enactment : Ordinance 26 of 1954）．

48）Thio, *op. cit.,* pp. 329-330.

49）*Ibid,* p. 334.

50）*Ibid.,* p. 332. 2015 年と 2020 年の結果は，https://www.eld.gov.sg/homepage.html（2020.12.07 アクセス）

51）*Ibid.,* p. 331.

52）Singh, *op., cit,* p. 33.

53）*Ibid.,* pp. 34-35.

54）https://www.parliament.gov.sg/about-us/structure/members-of-parliament

（2020.12.06 アクセス）

55）Tan, Kevin Y.L. *An Introduction to Singapore's constitution, 3rd Edition*, Talisman, 2014, pp. 87-91.

56）Thio, *op. cit.,* p. 361.

57）*Ibid,.* p. 364.

58）Constitutional Commission, *op. cit.,* pp. 13-17.

59）Thio, *op. cit.,* pp. 363-364.

60）2017 年 3 月に行った筆者の質問に対するネオ准教授の回答.

61）Thio, *op. cit.,* p. 364.

62）*Ibid.,* pp. 362-363.

63）*Ibid.,* pp. 366-367.

64）Neo, *op. cit.,* p. 249.

65）*Ibid.,* pp. 235-237, 241-242.

66）Thio, *op. cit.,* pp. 870-871.

67）Neo, *op. cit.,* pp. 247, 254.

68）Thio, *op. cit.,* p. 220.

69）ハラルとは，製品やサービスに関し，その製造，処理，売買，陳列，運搬について満たすことが求められるイスラム法の基準をいう（イスラム法実施法第 2 条の解釈規定による）.

70）The Singapore Department of Statistics（DOS），*Singapore Census of Population 2000,* table 39 Resident Population aged 15years and over by religion, ethnic group and sex.

71）Constitutional Commission, *op. cit.,* p. 8.

72）Neo, *op. cit.,* p. 244.

73）*Ibid.,* pp. 253-254.

74）*Ibid.,* pp. 256-257.

75）*Ibid.,* p. 242.

76）*Ibid.,* p. 257.

77）Singh, *op., cit,* pp. 113-114, 117-118.

終章

移民政策の国際比較と
日本の課題

1　3 カ国の移民政策の比較

前 3 章では，移民政策のあり方を考えるため，言語，宗教，文化，社会的価値観などについて自国への同化を求める同化主義のアメリカ・フランスと，民族の多様性を認め，多様な言語，宗教，文化，社会的価値観などの並存を許容する多文化主義のシンガポールを国別に検討してきた．ここで，これら 3 カ国について，主な論点ごとにそれぞれの特徴を整理しておこう．

（1）　単一言語主義か多言語主義か

同化主義と多文化主義を区分する基本的メルクマールは，単一言語主義か多言語主義か，すなわち言語の多様性を公的に認めるかどうかにある．

ア　アメリカ—事実上の公用語としての英語—

同化主義に立つアメリカの場合には，法律上公用語に関する規定はないものの，アメリカ合衆国への帰化の積極要件として英語力が定められており，英語は事実上の公用語となっている．同時に，アメリカでは，アングロ準拠主義の下での文化的多元主義の現れとして，英語のほかに，スペイン語，中国語，タガログ語など 400 以上の多様な言語が移民の末裔や先住民族などによって使われている[1]．

イ　フランス—憲法で共和国の言語と定められたフランス語—

同じく同化主義の国フランスにあっては，憲法でフランス語を共和国の言語と定め（1958 年憲法第 2 条），したがって，その国民となるためには，フランス語を話すことが要件とされている．フランス語を唯一の言語とすることは，国家統合原理としての共和国的価値の重要な要素となっており，そのため，現在でも使われているバスク語，ブルトン語など 10 の地域言語は，憲法上フランスの遺産と位置づけられている（同第 75-1 条）．

ウ　シンガポール—憲法が定める 4 つの公用語と 1 つの国語—

これに対し，多文化主義のシンガポールでは，憲法でマレー語，中国語，タミル語及び英語の 4 つの言語を公用語として認め，マレー語を国語と定めてい

る（シンガポール共和国憲法第 153A 条）．同時に，学生・生徒が第一言語と
して英語，第二言語として母語を学ぶ二言語政策を採用し，英語を事実上の共
通語として位置づけて，グローバルな経済活動に適応できる人材育成を図って
いる．

（2）　信教の自由と政教分離原則

　信教の自由については，アメリカ（合衆国憲法第 1 修正），フランス（1958
年国憲法前文及び第 1 条並びに 1789 年の人権宣言第 10 条），シンガポール
（シンガポール共和国憲法第 15 条）ともに憲法で保障しているが，国家と宗教
との関係（政教分離）については，国によって問題状況が違っている．

ア　アメリカ―適正手続条項を通しての保障―

　アメリカ合衆国憲法は，1791 年の第 1 修正で連邦法による国教樹立の禁止
と信教の自由を保障した[2]．当時は，州によって支配的な宗派が異なっていた
ことから，宗教に関する権限は，連邦政府ではなく，州政府に委ねるのが適当
と判断されたのである[3]．しかし，その後，信教の自由は第 14 修正の適正手
続条項を通して州にも及ぶと解されるようになった[4]．これを受け，アメリカ
では，国教樹立の禁止や信教の自由に関して多くの訴訟が提起されているが，
宗教団体や私立学校への連邦政府や州政府の補助等の違憲性や公立学校の教育
内容と信教の自由との関係を問うものが多い[5]．

イ　フランス―共和国の原則である政教分離（ライシテ）―

　フランスでは，政教分離（ライシテ）は共和国の原則の 1 つとされており，
信教の自由を理由として公立中学校でイスラム教徒のスカーフ（ヒジャブ）を
着用する行為がこの政教分離原則に違反しないかが問題となった．これについ
ては，結局，2004 年 3 月 15 日の法律で，政教分離原則は国民教育（義務教
育）を行う公立学校にも適用されることを前提に，信教の自由には，特定の宗
教的所属のこれみよがしな表出による圧力からの自由も含まれるとして，公教
育の場で宗教的所属をこれみよがしに表すシンボルや服装を禁止することが法
律で定められた．ここでは，公教育の場に限定してではあるが，生徒同士とい
う私人間の行為に対しても政教分離原則が適用されている．

ウ　シンガポール─イスラム教のための特別立法─

　シンガポール共和国憲法では，信教の自由を保障しつつ（同憲法第15条第1項），イスラム教のための特別立法に関する規定を置いている（同憲法第153条）．これによって，シンガポールでは，イスラム宗教委員会及びイスラム法廷が設置され，イスラム教徒は，結婚，離婚及び相続に関しては，一般法ではなく，イスラム法に従うという国内法秩序の多元化が容認されている．さらに，義務教育に関しても，イスラム教徒はその子を国の小学校ではなく，イスラム教の宗教学校に通わせることができる．このような特別扱いは，「シンガポールの土着の人々」であり，ほぼ100％がイスラム教を信仰するマレー人がシンガポール独立後もそのままシンガポール国民になったというシンガポール建国の経緯を考慮した，民族的マジョリティとマイノリティの利害のバランスを図るための政治的マネジメントと解されている．

（3）　統治制度におけるマイノリティへの配慮

ア　シンガポールの特別な制度

i　民族間のバランスを図るための制度

　シンガポール共和国憲法では，多文化主義を生かすための仕組みを統治制度の中に組み込んでいる．まず，国民の大宗を占める中国人以外の民族の代表が国会議員となり，マイノリティの意見を国政に反映できるようにするための集団代表選挙区（GRC）制度がある．これによって，集団代表選挙区では，そこで選出される議員の1人は必ずマイノリティ民族出身者となる．さらに，国会選挙法で，集団代表選挙区の総数の5分の3以上はマレー人がマイノリティ民族の代表にならなければならないと定めて，マレー人に対する配慮を法定している．

　次に，マイノリティ民族に対する差別的な立法を防止するための事前チェック機関として，「マイノリティの権利のための大統領諮問委員会」の設置を憲法で定めている．このように，シンガポールにあっては，民族間のデリケートなバランスを図るための仕組みが統治制度に組み込まれているのである．

ii　選挙権の平等の修正

　このほか，シンガポール共和国憲法では，選挙で落選した野党の候補者を国

会議員にする非選挙区議員，さらに芸術，文化，ビジネス，学問など様々な分野で国家に功績のあった者を国会議員にする指名議員の制度が設けられている．これらは，多文化主義の考えに基づくものではなく，多様な意見の国政への反映という考えに基づくものだが，人民行動党の一党支配というシンガポールの政治的特殊性を踏まえ，選挙権の平等という民主主義の原則を一部修正するものであるという点では集団代表選挙区制度と共通している．

イ　アメリカにおける先住民族への配慮

アメリカでは，すべての国民の法の下の平等が大原則となっている（合衆国憲法第 14 修正第 1 節）．ただし，アメリカでは，憲法第 14 修正第 1 節を受けた移民国籍法で，インディアン等の先住民族についても生地主義が適用されることを定めるとともに，彼らが国民になっても，米国の財産法が直ちに適用されず，部族特有の財産関係に影響を与えるものではないことを明らかにし，先住民族への配慮を定めている．

ウ　平等原則を徹底するフランス

フランスでも，法の前の平等は共和国の基本原理の 1 つとされている（1958年憲法第 1 条）．フランス共同体への同化という観点からは，外国人の文化的，社会的，道徳的な特殊性を認めつつも，類似性と収束性に焦点を当て，権利と義務の平等を実現することが目標とされている．このため，アメリカ合衆国でみられるアファーマティブ・アクションのようなマイノリティ優遇政策は否定され，マイノリティとマジョリティの平等を基本とする点に特徴がある．

（4）　国籍取得要件─血統主義か生地主義か居住地主義か─

国籍取得要件とは，ある国の国民になるための要件であり，これによって，その国がどのような者を国民として受け入れようとしているのか，さらにはその国がどのような国なのかを知ることができる．本書のテーマである同化主義か，多文化主義かという論点との関係を整理すると，生地主義や居住地主義の下では同化主義，多文化主義のいずれもとり得るのに対し，血統主義は同化主義と結びつきやすい．ただし，国民が多民族からなるシンガポールでは，血統主義と居住地主義の下で多文化主義がとられている．

ア　アメリカ―生地主義が基本―

アメリカは，建国の前から奴隷制度を認めており，その存廃を巡って内戦（南北戦争）が起き，内戦中の 1863 年にリンカーン大統領が奴隷解放宣言を出した．その後，北軍が勝利を収め，1865 年の憲法第 13 修正によって奴隷制度が法的に廃止された．さらに，翌 1866 年の憲法第 14 修正で「合衆国で生まれ……かつ，その管轄権に服するすべての者」は国民であると定めて国籍取得について生地主義を明記し，奴隷であった黒人も含めた「すべての者」が出生によって米国国籍を取得できるようにした．これを受け，移民国籍法では，米国で生まれた者は，その親の国籍を問わず，出生により米国国民になると定め，生地主義が原則となっている．同時に，血統主義も併用し，親が米国国民である外国で生まれた子については，その親の米国での居住又は物理的滞在を条件に，子の国籍取得を認めている．

次に，出生後の国籍取得事由である帰化については，合法的永住者として 5 年間国内に居住していたこと（その半分以上は実際に国内に滞在していたこと）を求めて同化の社会的事実を重視するとともに，知識能力要件として，英語力及び公民（合衆国の歴史及び政府の原則と形態に関する知識と理解）テストの合格を求めている．さらに，帰化の消極要件として，共産主義者や全体主義者の徹底した排除を定め，同時に，国家の安全保障に貢献した者への特別措置を定めるなど，アメリカの帰化制度は，自由な資本主義社会の守護神としてのアメリカ合衆国という明確な国家理念を具現しており，帰化しようとする外国人に対しても，宣誓を通じて，このような国家理念の尊重を求めている．

イ　フランス―血統主義と生地主義―

フランスでは，私権の享有主体としてのフランス人を規律するという観点から，民法典に国籍規定が置かれている．民法典では血統主義を原則としているが，生地主義による国籍取得も広く認めている．フランスで生地主義を導入したのは，当初はフランスに住む外国人を兵役に服させるためであり，産業革命が起きると，労働力として外国人を確保するためであった．その背景には，18世紀末以降出生率が他国より低かったという事情がある．

生地主義の主な内容は，フランスで生まれた外国人の子であっても，11 歳以降少なくとも 5 年間フランスに常居所を有していた場合には，当然にフラン

ス国籍を取得できるとするものである．また，当局の決定によるフランス国籍の取得（帰化）のためには，申請前5年間フランスに常居所があることに加え，「フランス共同体への同化」を証明することが要件とされている．

この「フランス共同体への同化」というのが，フランスにおける国籍取得の基本にある思想であり，一定水準以上のフランス語力のほか，フランスの歴史，文化及び社会の知識を有し，かつ，「共和国の基本的な価値と原則」に同意することが求められる．さらに，中等教育期間に当たる11歳以降5年間フランスに常居所を有していれば，フランス共和国の価値観を共有しているはずだとする「みなし同化」の仕組みも導入されている．

このような同化主義的生地主義による国籍取得を幅広く認めた結果，フランスは，血縁共同体から共和国的価値に基づく価値共同体としての国家に変質していく．

ウ　シンガポール―血統主義と居住地主義―

多文化主義の国シンガポールでは，国籍は，出生，血統，登録又は帰化によって取得できる（同憲法120条以下）．このうち出生とは，シンガポールで生まれ，かつ，父母のいずれかがシンガポール国民である場合であり，血統とは，シンガポール以外で生まれ，かつ，父母のいずれかがシンガポール国民であって，シンガポールでの一定の居住要件を満たす場合である．これらは，いずれも血統主義を基本としている．これに対し，登録では，12年の間に通算して10年以上シンガポールに居住し，かつ，シンガポールに永住する意図があることに加え，マレー語，英語，中国語及びタミル語のいずれか1つについて知識を有することが要件とされている．また，帰化の場合にも，12年の間に通算して10年以上シンガポールに居住していることが要件とされているが，この場合には，国語（マレー語）が要件とされている．

このように，シンガポールでは，居住地主義を導入し，10年以上の居住を要件としているが，これは，シンガポールという多文化社会への「同化」とみなせる社会的事実を根拠としたものと解される．そして，国籍取得要件として4つの言語を認めていることが，その多文化主義を裏づけている．

（5）　国の成り立ちと憲法との関係

　次に，以上のような3カ国の移民政策の相違が，それぞれの国の成り立ちや憲法とどのような関係にあるのかを考えてみたい．

ア　アメリカ―多様な移民による連邦国家―

　アメリカでは，憲法上公用語に関する定めはない．法律上も，移民国籍法で帰化の要件として英語力を定めている以外は特段の定めはなく，英語は，事実上の公用語となっている．他方，実際には，英語以外の様々な言語が地域や民族を限って使われており，これは，ゴードンのいう文化的多元主義[6]の現れとみることもできる．

　次に，憲法第14修正で生地主義の平等な適用が国籍取得の基本であると定めている．これは，奴隷制の廃止というアメリカにおける平等原則の原点となる政策選択の結果であり，「移民の国」アメリカの原点でもある．

　また，いわゆる政教分離については，憲法第1修正で，連邦法による国教樹立等の禁止という形で定められた．イングランド国教会から逃れてきたピューリタンのように，ヨーロッパの国家権力と結びついた支配的宗教から逃れ，自由な信仰を求めて移住してきた人々によって作られた国であるという建国の歴史がここに反映されている．

　そもそも，アメリカ合衆国では，まず州政府が存在し，後にそれが連合して連邦政府＝合衆国が作られた．したがって，それぞれの州に入植した移民の出身国も，話す言語も，同じではなかった．建国後も，世界中から移民がやってきて広大な国土を開発し続けており，第一次世界大戦後のアメリカ主義の高まりによって，国家への忠誠や公用語としての英語の普及が強化されるようになったにすぎない．このような成り立ちの国にあっては，同化主義を推進するために連邦政府が全国一律に規制できる事柄には自ずと限界があった．アングロ準拠主義を基本に，民族間の生物学的結合が進む（メルティング・ポット）なかで，文化的，構造的同化の進行とともに民族の文化の保全を求める文化的多元主義が主張されるようになった．

イ　フランス―1つにして不可分の共和国―

　1958年憲法は，フランス語を共和国の言語と定めている反面，地域言語には「遺産」として消極的な位置づけを与えている．その背景には，フランスの

近代国家観，すなわち，絶対君主制の下での「強度の統一性と不可分割制」が
フランス革命によって一層強化され，フランスの近代法＝国家構造そのものが
個人と集権的国家の二極構造モデルとして形作られたこと[7]がある．1958年憲
法第1条で「フランスは，1つにして不可分の（indivisible）…共和国である」
と定めているのも，この文脈で理解することができる．このように，同じ同化
主義であっても，アメリカに比べ，フランスのほうがより厳格な意味合いが与
えられているようである[8]．このような国家観に立てば，共和国の言語は1つ
であり，フランス国民になろうとする者には「フランス共同体への同化」を求
め，共和国の原則の1つである政教分離原則に基づき，公教育の場における生
徒の行為を法律で規制することも当然の帰結となる．

　なお，フランスでは，フランス革命以降，私法上の権利を享有できるフラン
ス人の資格と，選挙権などの政治的権利を行使するためのフランス市民の資格
のいずれもが憲法で定められてきたが，1803年の民法典によって両者は分離
され，前者は民法典で，後者は憲法又はその委任を受けた選挙法等で定められ
ている．

ウ　シンガポール―前提としての多民族・多文化国家―

　シンガポールでは，大宗を占める中国人の他にマレー人やインド人も住んで
いるという状態のままマレーシアから分離・独立せざるを得なかったという国
の成り立ちの経緯から，多民族，多文化が当然の前提となった．このため，シ
ンガポール共和国憲法では，4つの公用語と1つの国語（マレー語）を定めた
だけでなく，統治制度においても，集団代表選挙区などによってマイノリティ
への配慮を制度化し，民族間のバランスを保つための努力が行われてきたので
ある．

　また，シンガポール国民の資格については憲法で規定しており，血統主義と
居住地主義が取り入れられている．

（6）　同化主義と多文化主義の再定義

　上述のように各国の憲法を中心とした法規範と同化主義ないし多文化主義と
の関係を整理した上で，同化主義と多文化主義を次のように再定義したい．す
なわち，同化主義とは，言語及び規範的価値について自国への同化を求める法

政策であり，多文化主義とは，民族の多様性を認め，多様な言語と規範的価値
の並存を許容する法政策であると定義する．

　これまでの定義との相違は，第一に，「文化」を定義から除外したことであ
る．その理由は，3カ国ともに文化について規範的枠組みを設けていないだけ
でなく，そもそも「文化」という概念自体が曖昧であり，同化主義の国におい
ても多様な「文化」が存在している事実を考えれば，両主義を区分するメルク
マールに「文化」を用いることは適当でないからである．

　第二に，いずれの国も信教の自由を保障していることから，「宗教」という
言葉も定義から除外した．これに関連し，シンガポールでは，憲法でイスラム
教に特別な地位を認めているが，これは，結婚，離婚及び相続に関してイスラ
ム教徒がイスラム法に従うための特別な体制を認めたものなので，多文化主義
の定義でいう「多様な規範的価値の併存」に含まれるものと解釈できる．ただ
し，世界の国々の中には，マレーシアのように，イスラム教を連邦の宗教と
し，元首はイスラム教の指導者でなければならないと憲法で定めている国もあ
ることを考えると，両主義との関係で「宗教」をどのように位置づけるかにつ
いては，さらなる検討が必要である．

　第三に，それぞれの主義について，単なる考え方や方針ではなく，国の政策
として確定的に実現されている事柄をメルクマールとするため，評価の対象を
「法政策」に限定した．

　このように両主義を再定義した上で，以下，日本における外国人受入のあり
方について考えてみたい．

2　日本の現状と特徴

　外国人の受入について同化主義と多文化主義のいずれをとるかは，その国の
成り立ち，現状，地政学的条件，社会経済的条件などの影響を受けることにな
るが，最終的には，国民のコンセンサスを踏まえて政治的に決定されることに
なろう．これは日本にも当てはまるが，その前提として，外国人受入に関係す
る日本の現状と特徴を整理しておこう．

（１）　単一言語
ア　事実上の公用語としての日本語
　国の成り立ちや現状を考えると，日本の場合，シンガポールのような多文化主義をとるのは現実的とは考えられない．その最大の理由は，言語である．同化主義と多文化主義を区分する最大のメルクマールは，単一言語主義か，多言語主義か，すなわち言語の多様性を公的に認めるかどうかだが，日本には，日本語以外の言語を公的に，つまり国語又は公用語として認めるような社会的実態はない．

　そもそも，国語，国旗，国歌，標語まで憲法で定めているフランスと異なり，日本国憲法では，これらについて何も述べていない．国旗と国歌については，平成11（1999）年に制定された国旗及び国歌に関する法律で定めているが，公用語という意味での「国語」が日本語であることを定めている法律はない[9]．もっとも，「国語」の意味が「日本語の別称」とされている（『広辞苑第7版』）ことから，現行の法律では，国語＝日本語という解釈を当然の前提にしているのであろう．そうだとしても，法令上明記されていないという意味では，アメリカにおける英語と同様，日本語は，日本の事実上の公用語ということになる．

　なお，日本語の法的位置づけをどうするのかということと，教育の場で英語を中心とした二語政策（bilingualism）をどこまで，どのような形で推進するのかは，別の問題である．人口減少が進む中でグローバルな人材を育てるという観点から，二語政策はこれまで以上に重要になるであろう．

イ　地域言語としてのアイヌ語
　アメリカでは，英語以外の多数の言語が日常的に使用されている（文化的多元主義）のに対し，日本の場合には，各地方の方言も日本語に含めて考えれば，日本語以外の言語として存在するのは，アイヌ語である[10]．

　日本の先住民族であるアイヌ民族の問題については，平成9（1997）年に「アイヌ文化の振興並びにアイヌの伝統等に関する知識の普及及び啓発に関する法律」が制定され，平成31（2019）年には，これを継承・発展させた「アイヌの人々の誇りが尊重される社会を実現するための施策の推進に関する法律（以下「アイヌ施策推進法」という）」が制定されている[11]．

アイヌ施策推進法では，アイヌの人々を「日本列島北部周辺，とりわけ北海道の先住民族」と明確に規定し，アイヌ語を「アイヌ文化」の中心に位置づけた上で，アイヌ文化の振興等を図るための施策の推進を定めている．同法に基づき，内閣にアイヌ政策推進本部が置かれ，北海道白老町に民族共生象徴空間（ウポポイ）が開設されるなど具体的な成果も出始めている．アイヌが日本の先住民族であることを法律で認めたのは画期的だが，他方，アイヌ語は「極めて深刻」な消滅の危機にある[12]．

（2）　「多文化共生」と移民政策

これに関連し，外国人受入のあり方として，「多文化共生」という言葉がしばしば用いられている．この言葉は，2000年代に入ってから頻用されるようになっており，平成18（2006）年3月には総務省が「地域における多文化共生推進プラン」を策定し，地方自治体における多文化共生施策を推進している．これは，在住外国人が多い地方自治体を念頭に，外国人住民施策の一環として行われているものであり，「地域における多文化共生」については「国籍や民族などの異なる人々が，互いの文化的ちがいを認め合い，対等な関係を築こうとしながら，地域社会の構成員として共に生きていくこと」と定義されている[13]．

しかし，多文化共生は外国人が永住することを前提としたものではなく，したがって，移民政策を念頭に置いたものではないというのが政府の見解である[14]．

（3）　日本の国籍取得制度の概要

外国人を国民として受け入れるという観点からは，国籍取得要件が生地主義又は居住地主義か，血統主義かが重要となる．なぜなら，血統主義の立場では，外国人がその国の国籍を取得する方法は，帰化に限定されてしまうからである．そこで，日本の国籍取得について定めている国籍法を概観してみよう．

ア　出生による国籍取得─厳格な血統主義─

①「出生の時に父又は母が日本国民であるとき」は，その子は日本国民とする（国籍法第2条第1号）．ここでは，子の出生地が日本国内か外国かを問わず，

父母両系血統主義をとっている.

②「出生前に死亡した父が死亡の時に日本国民であつたとき」は, その子は日本国民とする（同法第2条第2号）. これは, 子の出生時に母は生きていることを前提としているものと解されており[15], したがって, 子を懐胎した後その出生前に父が死亡し, 外国人の母がその子を出生した場合がこれに該当する. この場合は父系血統主義がとられ, その子は日本国民になる.

③「日本で生まれた場合において, 父母がともに知れないとき, 又は国籍を有しないとき」には, その子は日本国民とする（同法第2条第3号）. これは, 無国籍防止のため, 血統主義の補則として生地主義をとったものである[16].

以上が出生による国籍の取得要件であり, ③以外は生地主義の要素はまったく取り入れられておらず, 厳格な血統主義が貫かれている.

イ 認知された子の国籍取得

父又は母が認知した20歳未満の外国籍の子は, 認知をした父又は母がその子の出生時に日本国民であったこと, その父又は母が現に日本国民であること(その死亡のときに日本国民であったときも含む）を要件として, 法務大臣への届出によって, 日本の国籍を取得することができる（同法第3条）. これは, 認知された子の国籍取得について定めたものであり, 所定の要件を満たしていれば, 届出によって日本国籍取得の効果が当然に生じる[17].

以上が国籍法で定めている出生及び認知による国籍取得要件であり, これら以外の事由による国籍取得は, すべて帰化によることになる.

ウ 帰化による国籍取得—法務大臣の裁量—

i 帰化の種類

帰化には, 普通帰化（国籍法第5条）, 普通帰化要件の一部を免除する簡易帰化（同法第6条～第8条）及び普通帰化要件のすべてを免除する大帰化（同法第9条）がある. いずれの帰化も, 法務大臣の許可が必要であり（同法第4条第2項等）, 許可は自由裁量行為と解されている[18]. 法務大臣は, 帰化を許可したときは, 官報にその旨を告示しなければならず, 帰化の効力は, 告示の日から生ずる（同法第10条）.

ii 普通帰化（国籍法第5条）

原則的な帰化形態であり, 次の①から⑥が要件として定められている.

①　引き続き5年以上日本に住所を有すること（住所要件）.

②　20歳[19]以上であって，本国法によって行為能力を有すること（行為能力要件）.

③　素行が善良であること（素行要件）.

④　自己又は生計を一にする配偶者その他の親族の資産又は技能によって生計を営むことができること（生計要件）.

⑤　国籍を有せず，又は日本の国籍の取得によってその国籍を失うべきこと（二重国籍防止要件）.

⑥　日本国憲法施行の日以後において，日本国憲法又はその下に成立した政府を暴力で破壊することを企て，若しくは主張し，又はこれを企て，若しくは主張する政党その他の団体を結成し，若しくはこれに加入したことがないこと（憲法遵守要件）.

iii　簡易帰化その1（国籍法第6条）

次の場合には，日本人との血縁（①）又は日本国との地縁（①，②，③，④）を考慮して，普通帰化の住所要件（ii①）が免除されるが，それ以外の要件は満たす必要がある.

①日本国民であった者の子（養子を除く）で引き続き3年以上日本に住所又は居所を有するもの. 親が外国の国籍を取得したため日本国籍を喪失した場合などが該当する.

②日本で生まれた者で引き続き3年以上日本に住所又は居所を有するもの. これは，帰化の要件として生地主義を取り入れたものである.

③日本で生まれた者でその父若しくは母（養父母を除く）が日本で生まれたもの. これは，親子二代にわたり日本で生まれたという日本との地縁関係を考慮したものであり[20]，フランスでいう二重の生地主義と同様の考えに基づいている.

④引き続き10年以上日本に居所を有する者. これは，居住地主義を帰化の要件に取り入れたものである.

iv　簡易帰化その2（国籍法第7条）

日本人と外国人が婚姻した場合には，一定期間の国内居住を条件に，配偶者たる外国人の帰化について，普通帰化の住所要件（ii①）と行為能力要件（ii

②）が免除される.

①日本国民の配偶者たる外国人で引き続き 3 年以上日本に住所又は居所を有し，かつ，現に日本に住所を有するもの.

②日本国民の配偶者たる外国人で婚姻の日から 3 年を経過し，かつ，引き続き 1 年以上日本に住所を有するもの.

v 簡易帰化その 3（国籍法第 8 条）

次の場合には，日本社会とより密接な関係を有する者であることから[21]，普通帰化の住所要件（ii ①），行為能力要件（ii ②）及び生計要件（ii ④）が免除される.

①日本国民の子（養子を除く）で日本に住所を有するもの. 子の出生時に親が日本国籍を有しなかった場合が該当する. 父母のいずれか一方が日本国民であれば足り，外国人の子がその親と同時に帰化を申請し，親の帰化が許可された場合の子が該当する[22].

②日本国民の養子で引き続き 1 年以上日本に住所を有し，かつ，縁組のとき本国法により未成年であったもの.

③日本の国籍を失った者（日本に帰化した後日本の国籍を失った者を除く）で日本に住所を有するもの. フランスでは国籍回復の制度を定めているが，日本の国籍法はそれを定めず，簡易帰化の 1 つとした[23].

④日本で生まれ，かつ，出生のときから国籍を有しない者でそのときから引き続き 3 年以上日本に住所を有するもの. これは，ア③に該当しない場合であり，日本で外国人夫婦から生まれた子がどちらの国籍も取得しないで無国籍となったような場合が該当する[24].

vi 大帰化（国籍法第 9 条）

「日本に特別の功労のある外国人」については，法務大臣は，普通帰化の規定にかかわらず，国会の承認を得て，その帰化を許可することができる. ここでは，普通帰化の要件すべてが免除される代わりに，帰化を国会の承認にかからしめている.

（4） 日本の国籍制度の特徴

以上のような日本の国籍制度をアメリカ，フランス及びシンガポールの 3 カ

国と比較すると，次のような特徴が浮かび上がってくる．

ア　生地主義及び居住地主義の排除

同じく血統主義を基本とするフランスやシンガポールでは，「フランスでの出生と居住を理由とするフランス国籍の取得」（フランス）や「登録」（シンガポール）という制度によって，一定期間の国内居住などの要件を満たせば当然に国籍が取得できるという生地主義や居住地主義による国籍取得制度も設けているのに対し，日本は，これらのような国籍取得制度を認めていない．ちなみに，アメリカは，米国で生まれた者は，その親の国籍を問わず，出生により米国国民になるとして，生地主義を原則としているのは，前述のとおりである．

このように，日本の国籍取得要件は，3カ国に比べて血統主義が徹底され，生地主義及び居住地主義が排除されている．なお，簡易帰化その1（国籍法第6条）において生地主義や居住地主義が取り入れられているが，これらはいずれも法務大臣の許可を必要とし，自動的に国籍を取得できるものではないので，厳密な意味での生地主義又は居住地主義とはいえない．

イ　徹底した血統主義

生地主義及び居住地主義排除の表裏として，日本は，いわば徹底した血統主義をとっている．すなわち，アメリカやシンガポールでは，子が外国で生まれた場合には，親がその国の国民であっても，一定期間の国内居住又は滞在要件を満たす必要がある．また，血統主義を基本とするフランスでは，両親のいずれか一人だけがフランス人の場合には，フランスで生まれなかった子は，成年に達したときにフランス人の資格を放棄することができるとされ，両親ともにフランス人の場合にだけ血統主義が貫かれている．

これらに対し，日本の場合には，出生のときに父又は母のいずれかが日本国民であれば，子が外国で生まれても，また，親が外国に居住していても，日本国民になるとされており，血統主義が徹底されている．

ウ　言語要件の欠如

3カ国と比較して日本の国籍取得制度に欠けているのは，言語要件である．帰化の要件として，アメリカでは英語力が，フランスではフランス語力が，シンガポールでは国語（マレー語）力がそれぞれ要件とされている．

さらに，帰化以外の国籍取得事由に関しても，フランスでは，婚姻を理由と

するフランス国籍の取得について，外国人の配偶者にフランスの言語に関する十分な知識を求め，シンガポールでも，居住地主義に基づく登録では，10 年以上の居住要件に加え，マレー語，英語，中国語又はタミル語のいずれか 1 つに関する基礎的な知識を要件としている．

これらに対し，日本の国籍法では，言語要件について何ら定めがない．血統主義に基づく場合には，日本語を話せることは当然の前提としているのだろうが，帰化の場合にも，日本語を話せることを要件としていない．言語は，その国や地域社会への同化の基本的な要素であることを考えると，現行の国籍法には，外国人に対し日本社会への同化を求めるという発想が欠けているようである．

エ　国籍はく奪規定の欠如

帰化の憲法遵守要件（**(3) ウ ii ⑥**）については，各国とも同様の要件を定めている．さらに，アメリカでは，これに加えて，反政府組織や共産党のメンバーであることなどが帰化の消極要件として詳細かつ具体的に定められている．また，フランスでは，国家の基本的利益の侵害となる重罪やテロ行為によって有罪判決を受けた場合などは，国籍をはく奪できるとする規定がある（フランス民法典第 25 条）．シンガポールでも，公共の安全，平和又は秩序を害する犯罪的活動に参加した場合などには，国籍をはく奪できる規定がある（シンガポール共和国憲法第 129 条）．これらに対し，日本の国籍法には，消極要件に関する詳細な規定はなく，国籍のはく奪に関する規定もない．

なお，二重国籍について，日本（**(3) ウ ii ⑤**）とシンガポールは禁止している（シンガポール共和国憲法第 123 条）が，アメリカは二重国籍を認め，フランスも，二重国籍を保持するかどうかは本人の意思に委ねている（フランス民法典第 23 条）．

3　日本の国籍制度の課題

次に，アメリカ，フランス及びシンガポールとの比較という観点からみえてくる日本の国籍取得制度の課題について検討する．

（1）　生地主義の導入

　日本の国籍制度の最大の特徴は，厳格な血統主義に基づいていることである．帰化以外の国籍取得事由として生地主義や居住地主義をまったく取り入れていないだけでなく，子やその親が国外に居住していても血統だけで国籍を認めるという意味でも，厳格な血統主義が貫かれている．

　血統主義の根拠は，「国家は，民族共同体を中核とするという点において，血縁共同体としての性格をもっている．夫婦共同体は子の出生によって家族共同体を形成するが，それは純然たる血縁関係を基礎とするものであり，かような家族共同体の形成を通じて民族の文化的伝統は親から子へと伝承される．したがって，国家の構成員たる資格も親から子へと伝承されるべきであると考える」ことにある[25]．他方，生地主義についても，「国家は，国土を基礎とするという点において地縁共同体としての性格をもっている．出生に伴う出生地との地縁関係の発生は，出生地における地域社会の構成員たる資格すなわち住民たる資格の取得を意味する．したがって，自国で生まれて住民としてその文化に同化した者を自国国民とすることには合理性が認められる」[26]という考え方があるにもかかわらず，現行の国籍法は生地主義を取り入れていない．

　フランスでも，1803年の民法典で血統主義を導入したとき，「国家は家族と同じようなものであり，家族がその姓を代々受け継ぐように，国籍も血統によって受け継がれるべきである」という主張がなされた．しかし，欧州諸国より低い出生率に苦しむ中で，他国との戦争に勝利するため，さらに，国内産業を振興するため，国籍取得要件に生地主義を徐々に取り入れ，フランスで生まれた外国人をフランス国民として受け入れるようになっていった．

　同じように少子化による人口減少に直面する日本が，国力を維持するため，外国人を大幅に受け入れるという政策選択をするのであれば，血統主義を基本としつつも，国籍取得要件に生地主義を導入することが課題となる．

（2）　日本語要件の追加

　日本の帰化制度には，言語要件がない．しかし，言語は，その国や地域社会への同化の基本的な要素であることを考えると，外国人を日本人として受け入れるためには，ある程度日本語が理解でき，日本社会に同化できる基礎的な能

力を備えていることを要件とすべきだろう.

　また，日本語は，事実上の公用語にすぎない．国旗と国歌が法律で定められているのなら，日本語にも法律上の根拠を与えることが適当であろう．その際，二言語政策として英語を学校教育の中でどのように位置づけるのかについても，国民的議論を踏まえた上で，より明確に位置づけることが望まれる[27].

（3）　当事者宣誓方式の導入

　日本の帰化制度では，当事者の宣誓が要件とされていない．当事者の意思が法的に評価されるのは，二重国籍の場合に，日本の国籍を選択し，かつ，外国の国籍を放棄する選択の宣言（国籍法第 14 条第 2 項）のみである．これに対し，米国では，英語力と米国の社会的，政治的な基礎知識があることを前提に国家への忠誠の誓いが帰化要件とされ，フランスでは，「フランス共同体への同化」と「市民憲章」に署名することが帰化要件とされている．米仏両国ともに，その国の国民になろうとする者の知識・能力と帰化の意思を法的に位置づけ，評価している点が共通している．多文化主義のシンガポールでも，居住地主義に基づく登録及び帰化の場合には，申請者が「権利放棄及び献身と忠誠の誓い」を行うことが必要とされている．

　日本に帰化するかどうかは個人の選択の問題だとしても，どのような者であれば日本人として受け入れるのかをより具体的に法律上の要件として示すことが，まずは必要である．同時に，帰化制度のあり方として，日本の社会や政治の仕組み及び憲法を中心とする規範的価値に関する基礎的理解を前提に，当事者の明示的同意（宣誓）を要件とすることも検討されるべきである．

（4）　帰化要件の具体化と許可の羈束化

　本書で検討した 3 カ国と比べると，日本の国籍法は，内容が抽象的で，不分明である．法務省の HP をみても，帰化については，帰化許可申請の様式が掲載されているだけであり，帰化要件に関する解説や通達の類は掲載されていない．これに対し，日本に入国する外国人を対象とする出入国管理に関しては，ガイドラインを定めて同省の HP で具体的な改正内容を説明しているだけでなく，英語，中国語，韓国語，ポルトガル語及びスペイン語の翻訳版も掲載され

ている．ここからも，外国人を一時的ないし一代限りで（永住許可）受け入れることには積極的だが，日本人として受け入れること（帰化）には，極めて消極的な日本政府の姿勢が透けてみえる．帰化の実績をみても，2018 年度の帰化許可者は 9,942 人となっており，これは米国の帰化者数の 2% にも満たない．

　帰化要件の抽象性と表裏の関係にあるが，法務大臣の帰化の許可（国籍法第 4 条第 2 項）は自由裁量行為と解されている．米国の場合には，移民局の詳細な審査はあるものの，帰化要件が具体的に明示されており，したがって，帰化が認められなかった場合には，移民不服審査委員会への不服申立て，さらには訴訟の提起が容易になる．これに対し，日本の場合には，帰化の許可要件が極めて抽象的で，かつ，許可が法務大臣の大幅な裁量に委ねられていることから，その不許可を訴訟で争うことは極めて困難となる．今後，外国人を大幅に受け入れようとするのであれば，どのような者なら日本人として受け入れるのかをより具体的に法律上の要件として示し，帰化の許可を羈束裁量化することが求められよう．

（5）　信教の自由に関連する課題

　日本でも，他の国と同様，信教の自由及び政教分離は，憲法上の基本原則となっている（日本国憲法第 20 条，第 89 条）．フランスやシンガポールで問題となったのは，主にイスラム教徒との関係である．イスラム教徒の中には，その生活を宗教の教えに従って厳格に規律する者もおり，そういった者がキリスト教文明を背景にした社会制度の国で生活する場合には，その者の信教と社会制度が衝突することも生じてくる[28]．

　イスラム教では，1 日に 5 回礼拝を行うことが求められ，ラマダーンと呼ばれる断食月もある．例えば，日々の礼拝と労働者の休息時間との関係をどう調整するのか，ラマダーンの間も通常どおりの勤務体制を組んでいいのかなど，日本でも労働契約や労働法制上新たな対応が求められる課題が生じてくるので，これに対する早急な検討が必要となろう．

4　最後に

　以上，同化主義の国であるアメリカ・フランスと，多文化主義の国シンガ
ポールの移民政策を比較した上で，日本の現状と特徴を整理し，さらにその国
籍制度の課題について述べてきた．
　序章で述べたように，本書の問題意識は，人口減少期に入った日本におい
て，いずれは外国人を大幅に受け入れるべきではないかという国民的議論が起
きることを想定し，その際に検討すべき基本的な論点を明らかにすることにあ
る．補論で述べるように，日本の賃金の国際的優位性が失われつつある中で，
外国人が日本に働きに来ることを中長期的にも当然の前提とすることは困難に
なりつつあり，外国人を単なる労働力として期間を限って受け入れるというこ
れまでの政策にいずれ限界が来ることは明らかであろう．したがって，今後と
も外国人を受け入れ続けようとするならば，永住，さらには帰化を視野に入れ
た本格的な外国人受入体制の検討が必要になる．そしてこのことは，**3**で述べ
たように，日本の帰化制度，ひいては日本人という概念そのものの見直しにも
つながるかもしれないのである．
　もちろん，人口減少を容認し，これまでのような経済大国志向を改めるとい
う選択肢もある．50年後に人口が9,000万人を割り込んだとしても，現在のド
イツ連邦共和国の人口は8,300万人，フランス共和国の人口が6,700万人であ
ることを考えれば，国家として日本が生きていく道は他にも考えられるはずで
ある．
　人口減少を容認するのか，外国人を大幅に受け入れるのか，いずれの道を選
択するにしても，その選択の帰結について広く国民が理解することが何よりも
重要である．本書がその一助となれば幸いである．

注

1)　Wikipedia, "Languages of the United States".https://en.wikipedia.org/wiki/Languages_

of_the_United_States（2020.08.27 アクセス）

2) 1791 年の第 1 修正は,「連邦議会は, 国教を樹立する法律, 若しくは自由な宗教活動を禁止する法律……は制定してはならない」と定めた.

3) Library of Congress, "Constitution Annotated, First Amendment". https://constitution.congress.gov/browse/essay/amdt1-1-1/ALDE_00000390/（2020.09.07 アクセス）

4) Abington School Dist. v. Schempp, 374 U.S. 203（1963）. 松井茂記『アメリカ憲法入門（第 8 版)』（有斐閣, 2018 年）327 頁.

5) 松井・前掲注（4）328-351 頁.

6) 第 1 章第 1 節（2）参照.

7) 樋口陽一『近代国民国家の憲法構造』（東京大学出版会, 1994 年）47, 51 頁.

8) 樋口・前掲注（7）33 頁以下では, ルソー＝一般意思型モデルとトクヴィル＝多元主義モデルとしてフランスとアメリカを対比している.

9) 現行の法律で,「国語」という用語を使っている法律としては, 学校教育法, 文部科学省設置法, 文化芸術基本法及び刑事訴訟法の 4 本があるが, いずれも国語＝日本語であるとは明示していない. 他方, 日本語という用語を使っている法律は 27 本あるが, いずれも日本語＝国語であるとは定めていない. 例えば, 日本語教育の推進に関する法律は, 日本語に通じない外国人等に対する日本語教育の推進を目的としているが, 日本語＝国語であるとは定めていない.

10) 琉球語については, 日本語とは別の言語とみなす立場と, 日本語内部の一方言とみなす立場とがあるようである. 琉球語—Wikipedia（2020.12.19 アクセス）

11) アイヌ民族問題に関する法制度の変遷及び憲法上の問題については, 中村睦男『アイヌ民族法制と憲法』（北海道大学出版会, 2018 年）に詳しい.

12)「アイヌ政策のあり方に関する有識者懇談会報告書」（2009 年）41 頁参照. 同懇談会は, 平成 30（2018）年 6 月 6 日に国会において採択された「アイヌ民族を先住民族とすることを求める決議」を受けて内閣官房長官の下に設置されたものである.

13) 総務省「多文化共生の推進に関する研究会報告書～地域における多文化共生の推進に向けて～」（2006 年）, 5 頁.

14) 平成 30（2018）年 11 月 1 日, 衆議院予算委員会における長妻昭委員の質問に対する安倍内閣総理大臣答弁参照.

15) 江川英文, 山田鐐一, 早田芳郎『国籍法 第 3 版』（有斐閣, 1997 年）70 頁.

16) 江川・山田・早田・前掲注（15）77 頁.

17) 江川・山田・早田・前掲注（15）94 頁.

18) 江川・山田・早田・前掲注（15）100 頁. 判例は, 旧出入国管理令に基づく在留期間の延長についてすら, 法務大臣の広範な裁量権を認めている（マクリーン事件最高裁判決（最大判昭和 53 年 10 月 4 日, 民集第 32 巻 7 号 1223 頁).

19) 成人年齢を引き下げる平成 30（2018）年の民法改正（平成 30 年法律第 59 号）により, 2022 年 4 月から 20 歳が 18 歳に改められる.

20) 木棚照一『逐条註解国籍法』（日本加除出版, 2003 年）308 頁.

21) 木棚・前掲注（20）315 頁.

22) 江川・山田・早田・前掲注（15）107 頁.

23) 江川・山田・早田・前掲注（15）107 頁.

24）木棚・前掲注（20）324 頁.

25）江川・山田・早田・前掲注（15）59 頁.

26）江川・山田・早田・前掲注（15）59-60 頁.

27）現在は，中学校の英語教育については，学校教育法施行規則で「外国語」の教科を含む
　　ことが定められているだけであり（同規則第 72 条），「中学校の教育課程については，
　　この章に定めるもののほか，教育課程の基準として文部科学大臣が別に公示する中学校
　　学習指導要領によるものとする」という委任規定（同規則第 74 条）を受け，文部科学
　　大臣が公示する「中学校学習指導要領」において「外国語科においては，英語を履修さ
　　せることを原則とすること」と記載されているだけである.

28）アメリカでは，土曜日を宗教上の休日とする古典派ユダヤ教徒が日曜休日法を争うとい
　　う事例も起きている. もっとも，米国の最高裁は，これを合憲と判断した（松井・前掲
　　注（4）346 頁).

補論

移民の経済学

　ここで，補論として，移民がなぜ外国に働きに出るのかという問題について，開発経済学の立場から書かれたギュベール（Gubert）の論文[1]を紹介したい．

1　新古典派の理論

（1）　賃金格差理論

　伝統的な新古典派の理論では，移民としての労働移動を個人の決定として捉え，完全で自由な競争からなる労働市場を前提に，伝統的セクター（農業）と近代的セクター（工業）という2セクター（地域）間の賃金格差が移民を引き起こすと考えた．すなわち，伝統的セクターでは労働の限界生産性が0に近く，生産性に何ら影響を与えずに労働者の数を減らすことができるのに対し，近代的セクターでは，労働の限界生産性は高く，資本の蓄積及び技術の進歩によって労働の限界生産性をさらに高めることができる．移民による労働移動は，この2つのセクター間の労働力の効率的な分配を可能にし，それによって2つのセクター間の労働の限界生産性を等しくすることに貢献すると考えた．

　この理論によると，労働移動は，送出し地域（国）の潜在的失業を減少させ，2つの地域（国）の間の賃金格差をなくすので，送出し地域にも良い影響を与えることになる．労働者個人の移動の動機は地域間の賃金格差であり，労働移動は賃金格差が解消されるまで続くことになる．2国間の移動，すなわち移民の場合には，移民によって送出し国の経済が受入国に追いつくことを可能にし，両国間の経済は賃金格差がなくなる水準にいずれ収斂すると考えられた．

　これは，長い間支配的な理論であった．このため，1950年代には，途上国を研究する経済学者は移民をポジティヴに捉えていたとされる．しかし，1960年代になると，都市部で失業率が増大しているにもかかわらず，農村部からの労働移動が減少しないという事態に直面し，この理論の限界が明らかとなった．

（2） 期待賃金格差理論

　賃金格差理論の限界を克服するため，送出し地域と到着地域間の賃金格差だけでなく，労働者は，到着地における就職可能性も考慮して移動するかどうかを決定すると仮定する期待賃金格差理論が提唱された．ここで労働者が考慮する賃金格差は，賃金格差理論が前提とする実際の賃金ではなく，賃金の期待値に基づくものということになる．

　具体的には，労働者は，農村と都市において提供される雇用に関するあらゆる可能性を考慮して，移動によって期待されるネットの収入がプラスとなるかどうかを判断する．この収入の期待値は，就職可能性を考慮した都市と農村における収入格差として測定される．例えば，農村部で年平均50単位を稼ぐ労働者がいると仮定する．彼の能力なら都市部で100単位稼げるとしても，都市部で職をみつけられる可能性が20%だとすると，都市での期待収入は100×20% = 20単位になり，都市に移動するインセンティヴは生じない．しかし，当初は職がみつかる可能性が低いとしても，都市でコンタクトを広げることにより就職可能性が広がると予想すれば，都市における当初の期待収入が農村より低くても，都市に移動したほうが合理的だと考えることになる．これによって，都市部で失業が多いにもかかわらず，農村部からの労働移入が生じることを説明できるとする．

　この理論によると，高齢者よりも若者のほうが就職を待つ時間的余裕があるので，より強い移動傾向をもつことになる．また，個人の人的資本（教育水準や職業経験）の蓄積も，移動を容易にする．なぜなら，それが期待賃金を高め，就職可能性を高めるからである．

2　新経済学理論の登場

　やがて，労働移動を個人の決定として捉える新古典派の議論に対し，それを家族ないし共同体の決定と捉える新経済学理論が登場する．この理論では，個人は，賃金格差だけで移動するのではなく，世帯の収入リスクの分散を図ったり，世帯として貧困から脱出したりするために移動すると考えるのである．

（1）　リスク分散理論

　リスク分散理論では，世帯の一員が移民に出るのは，世帯を収入のリスクから守るためであると考える．というのも，農業収入は，生産高の不確実性や農産物の価格変動によって年ごとに大きく変動し，家計がそれに耐えられないときは，家族の生存にかかわる事態に陥ることになる．このようなリスクから家族を守るため，世帯の働き手を農業とは違う労働市場に働きに出すのである．

　この理論によると，働きに出る者と家に残る者は，共同保険の論理によって，それぞれの収入を互いに分かち合うことになる．すなわち，都市の移民労働者からの賃金の送金は農村の不作による収入の不足を埋め，他方，例えば，移民労働者が失業したときには，母国の家族による仕送りがその生活を支えることになる．このように，移民労働を，移民労働者とその家族との共同保険契約とみるのである．したがって，この理論によると，移民労働は，移民労働者と家族のリスク分散のためであり，送出し国と受入国の賃金格差によって決まるものではないことになる．

（2）　相対的貧困理論

　相対的貧困理論では，まず，ある世帯が貧困かどうかの判断は，収入の絶対額だけでなく，その属する集団における他の世帯の収入と比べた相対的貧困度によることを前提とする．その上で，世帯は，集団内での経済的地位を向上させるため，又は，その所属集団をより上位の集団に移行させるために，移民として働きに行くかどうかを決定すると考える．それゆえ，現在の地域と目的地域間の賃金格差は唯一の変数ではなくなり，現在の地域における所得の分配状況も考慮の対象となる．したがって，この理論によると，母国における所得の不平等度が高まれば高まるほど，移民へのインセンティヴも高まることになる．

（3）　移民ネットワーク理論

　移民ネットワーク理論では，ネットワーク概念を使ったアプローチによって移民の継続性を説明しようとする．移民のコストを固定的，外在的なものとして捉える新古典派理論と異なり，この理論は，受入地域における移民ネット

ワークの存在が移民のコストやリスクを低下させ，新たな移民を容易にすると仮定する．すなわち，先に来ている移民が次に来る移民に対して職探しや住まい探しを容易にする情報を提供し，移民に伴う心理的な負担やリスクを軽減させると考えるのである．この理論によると，後発の移民にとって，先発の移民はポジティヴな外部資源ということになり，移民はそれ自体で繰り返される現象ということになる．出発地域と到着地域の賃金格差が減少したとしても，移民は，継続されるどころか，加速されることになる．

3　日本への示唆

　最後に，これらの理論が日本に与える示唆について考えてみたい．
　まず，賃金格差理論によると，移民が日本に働きに来るかどうかは，移民の送出し国と日本との賃金水準格差によって決定されることになる．そこで，日本の労働者の平均賃金をみると，バブル崩壊後の1990年代後半以降ほぼ横ばいであり，ほとんど上昇していない．過去20年間における男子労働者の平均賃金（月額）は，2001年の340.7千円が最高額となっており，直近の2019年でも338.0千円にとどまっている[2]．他方，賃金水準の国際比較の目安として，各国の一人当たり国民所得（2018年）をみると[3]，日本（31,890米ドル）は，米国（53,497米ドル），シンガポール（50,176米ドル）さらにはフランス（34,893米ドル）より低い水準にある．2018年の時点では，韓国（26,856米ドル），中国（7,710米ドル），ベトナム（2,107米ドル），フィリピン（3,246米ドル）といった日本に多く滞在している外国人の母国との所得差は大きいが，今後アジアの国々が成長する中で，日本の賃金の相対的優位性を中長期的に維持し続けることができるかどうかは予断を許さない．将来，日本の賃金の相対的優位性が失われることになれば，外国人労働者がこれまでのように日本に働きに来ることは期待できなくなる．
　ただし，今後の人口減少による労働力の減少は，外国人の日本での就職可能性を高めることになるので，期待賃金格差理論に従えば，外国人が日本で働こうとするインセンティヴを高める要因になることにつながる．

　次に，リスク分散理論や相対的貧困理論は，もっぱら労働者の送出し国サイドの事情である．ただ，これらの理論に従えば，アジアの国々が経済的に発展し，所得の再分配が進むほど，その国の国民が移民として日本に来るインセンティヴは低下することになろう．

　最後に，移民ネットワーク理論については，例えば東京の新大久保における外国人の定住状況をみると納得させられるところがある．今後外国人労働者を積極的に勧誘するのであれば，受入地域において外国人ネットワークの構築を支援するといった方策も有効となるのかもしれない．

注

1) Gubert, Flore. "Pourquoi migrer? Le regard de la théorie économique", *Économie politique des migrations*, La Découverte, 2010.
2) 厚生労働省「令和元年賃金構造基本統計調査」．
3) The World Bank, "Adjusted net national income per capita（current US$)."
https://data.worldbank.org/indicator/NY.ADJ.NNTY.PC.CD
（2020.12.16 アクセス）

初出一覧

　各章の初出は以下のとおりだが，本書の出版に際し，いずれについてもデータを最新のものに改めるなど大幅に加筆訂正している．第2章についても同様だが，特に同章第2節（3）は書き下ろした．

序　章　書き下ろし

第1章　「アメリカ合衆国の移民政策と同化主義—アングロ準拠主義の下での多様性—」神奈川法学第53巻第1号（2021年）1〜56頁

第2章　「フランスにおける同化主義の意義—国家統合原理としての共和国的価値とその限界—」神奈川法学第50巻第1号（2017年）1〜32頁（同化主義か，多文化主義か—外国人受入政策に関するフランスとシンガポールの比較研究（2014年度〜2016年度：科研費研究課題番号26380084）の研究成果）

第3章　「シンガポール共和国憲法と多文化主義—マレーシア連邦憲法の継受と否定—」神奈川法学第49巻第1・2・3合併号（2017年）1〜72頁（第2章と同じ科研費の研究成果）

終　章　書き下ろし

補　論　「移民の経済学」週刊社会保障No.2720（2013年）36〜37頁（フランスにおける移民労働者の生活保障に関する双方向的研究（2011年度〜2013年度：科研費研究課題番号23530059）の研究成果）

著者紹介

江口　隆裕 （えぐち　たかひろ）

1977 年 北海道大学法学部卒業
同　年 厚生省入省
1991 年〜93 年 北海道大学法学部助教授
2002 年 筑波大学教授
2013 年 神奈川大学法学部教授, 筑波大学名誉教授

主な著書
『社会保障の基本原理を考える』（有斐閣, 1996 年）
『変貌する世界と日本の年金—年金の基本原理から考える—』（法律文化社, 2008 年）
『「子ども手当」と少子化対策』（法律文化社, 2011 年）
『高齢者介護と家族—民法と社会保障法の接点—』（共編, 信山社, 1997 年）
『レクチャー社会保障法 第 3 版』（共編, 法律文化社, 2020 年）

移民政策と国民
—アメリカ・フランスの同化主義か,
　シンガポールの多文化主義か—

2021 年 5 月 31 日初版発行

著作者　江口　隆裕

発行所　神奈川大学出版会
〒 221-8686
神奈川県横浜市神奈川区六角橋 3-27-1
電話（045）481-5661

発売所　丸善出版株式会社
〒 101-0051
東京都千代田区神田神保町 2-17
電話（03）3512-3256
https://www.maruzen-publishing.co.jp/

編集・制作協力　丸善雄松堂株式会社

©Takahiro EGUCHI, 2021　　　　　Printed in Japan

組版・印刷・製本／三美印刷株式会社
ISBN978-4-906279-20-3 C3036